I0236732

UN ORPHELINAT

DE JEUNES FILLES

PENDANT LA GUERRE DE 1870-1871.

Propriété de l'Editeur.

Justin RESSAYRE.

UN
ORPHELINAT
DE JEUNES FILLES

PENDANT LA GUERRE 1870-1871

SUIVI DU

JOURNAL DE BILLANCOURT PENDANT LA COMMUNE

PAR

M. l'Abbé GENTIL

ANCIEN CURÉ DE BILLANCOURT, CHANOINE TITULAIRE
DE LA MÉTROPOLE DE PARIS

PARIS
LIBRAIRIE CUROT
Justin RESSAYRE, ÉDITEUR
22, RUE SAINT-SULPICE, 22.

1879

AVERTISSEMENT

C'est à vous, jeunes filles chrétiennes, que nous offrons cette nouvelle édition d'un opuscule peu connu, et néanmoins le plus touchant, peut-être, de tous ceux qui ont paru à la suite de la guerre de 1870-1871.

Voici, en deux mots, l'histoire qu'il contient :

Un curé de la banlieue de Paris, fondateur d'une nouvelle paroisse, avait établi un Orphelinat en faveur des jeunes filles que leurs mères mourantes lui avaient recommandées, ou que leurs pères, veufs, vivant au jour le jour du travail de leurs mains, l'avaient prié de protéger.

Quelques personnes pieuses et dévouées, habitant cette paroisse, gouvernaient, sous la haute direction de leur pasteur, cette petite troupe d'enfants, chéries comme si elles eussent fait partie de leur famille, lorsque la guerre éclata.

Mettre ces pauvres orphelines à l'abri du danger fut la première pensée de leur vénérable pasteur. Mais le lieu de retraite, choisi d'abord pour les soustraire au bombardement et à la famine, étant bientôt menacé par les armées ennemies, elles furent transportées dans un département plus éloigné de la capitale.

Cependant le siége se prolongeant au delà de toutes les prévisions, les petites orphelines seraient mortes de faim, si la Providence ne leur avait ménagé un secours merveilleux dans la charité à jamais digne de louanges des habitants de plusieurs communes du département de la Sarthe et aussi dans.....

AVERTISSEMENT

Mais n'empiétons pas sur le cours des événements.

Nous avons pensé que le récit de cette émigration vous intéresserait beaucoup plus que la plupart des histoires plus ou moins vraisemblables dont vous êtes gratifiées, à l'occasion des distributions de prix.

Nous sommes persuadé que vous vous ferez un devoir de propager, par tous les moyens possibles, ce modeste livre, quand vous saurez qu'il a été imprimé dans le but de procurer quelques ressources aux jeunes filles faisant actuellement partie de l'Orphelinat dont vous allez bientôt connaître les aventures tour à tour tristes et joyeuses.

L'ouvrage est divisé en deux parties.

La première partie contient, dans des lettres adressées, semaine par semaine, par la directrice de l'Orphelinat à l'une de ses parentes, les mille détails du départ des jeunes orphelines, de leur séjour en province et de leur retour dans la paroisse de Billancourt.

La seconde partie reproduit les lettres écrites par M. le Curé de Billancourt, au respectable Curé de Saint-Jean-d'Assé (Sarthe), pendant la Commune.

Ces lettres sont le complément naturel de l'histoire de l'orphelinat pendant la guerre; car elles font connaître la situation des petites orphelines pendant cette période douloureuse de notre histoire contemporaine.

PREMIÈRE PARTIE.

PREMIÈRE LETTRE

A Mlle Nathalie S..., à Bordeaux (Gironde).

Paris, 25 août 1870.

Ma chère cousine,

Tu avais raison de t'inquiéter à mon sujet; tes pressentiments vont, hélas! se réaliser.

Oui, il est certain maintenant que les Prussiens veulent assiéger Paris.

Tu me demandes ce que je me propose de faire en présence d'une pareille éventualité?

Tu m'offres l'hospitalité pour moi, pour mes sous-maîtresses et pour mes vingt-quatre petites orphelines. Je reconnais bien là et ton bon cœur et la charité proverbiale des Bordelais, que tu me dis prêts à nous recueillir et à nous soulager pendant les jours mauvais qui nous menacent. Je te remercie, ma chère Nathalie, et je te prie de remercier bien vivement de ma part et mon oncle et ma tante, et tous ceux qui se sont mis sur les rangs pour devenir les bienfaiteurs des petites orphelines de Billancourt (1).

(1) La paroisse de Billancourt fait partie de la commune de Boulogne-sur-Seine, qui est bornée au Nord par le bois de Boulogne, à l'Est par la fortification de Paris, au Sud et à l'Ouest par la Seine. Par conséquent elle s'est trouvée, pendant le siége de Paris, comme dans un cercle de fer et de feu formé par le fort d'Issy; la redoute de Brimborion, à Sèvres; celle de Montretout, Saint-Cloud; la forteresse du Mont-Valérien et le mur d'enceinte de la capitale.

Mais notre bon et vénéré pasteur (1) a déjà songé au sort de ces chères enfants (2).

La plupart d'entre elles ayant perdu leur mère, il avait eu d'abord la pensée de les rendre à leurs pères ou aux autres personnes qui s'intéressaient à elles; mais leurs pères et leurs protecteurs lui ayant fait observer que s'ils n'avaient pas pu se charger, en temps ordinaire, de leurs petites filles, à plus forte raison ne pourraient-ils pas s'en charger pendant la durée du siége, à cause du service de la garde nationale ou des travaux de terrassement auxquels ils devaient être assujettis. Alors il se proposa d'envoyer ces enfants dans une contrée assez éloignée de Paris pour les mettre à l'abri du bombardement et de la famine.

A l'instant, il vient de m'annoncer que nous allons partir pour Chartres, où les sœurs de la Providence consentent à nous prêter gratuitement, à partir de ce jour, le local occupé pendant l'année scolaire par leurs quarante pensionnaires, et qui est disponible jusqu'au premier lundi d'octobre, à cause des vacances de leurs élèves.

Un vénérable octogénaire, paroissien de Billancourt, à qui M. le curé avait communiqué ses préoccupations à notre sujet, a écrit à l'un de ses fils, notable habitant de cette ville, pour le prier de nous trouver un asile dans un couvent ou un pensionnat, à condition que nous serions nourries à nos frais. Et les bonnes sœurs de la Providence ont accueilli sa demande avec un empressement au-dessus de tout éloge.

(1) M. l'abbé Gentil, curé de Billancourt du 1er janvier 1860 au 30 juillet 1873; curé de Notre-Dame-de-la-Croix de Ménilmontant, du 30 juillet 1873 au 4 août 1878; actuellement chanoine titulaire de la cathédrale de Paris.

(2) A cette époque, l'Orphelinat comptait vingt-quatre petites filles, savoir : douze âgées de quatre à huit ans, et douze âgées de huit à quinze ans.

Je vais donc préparer immédiatement nos paquets. Nous laisserons dans notre maison les lits et les meubles à la garde d'une brave femme qui nous promet, quoi qu'il arrive, de ne pas quitter son poste.

Ce n'est pas sans un réel serrement de cœur que j'envisage l'avenir.

Que va devenir la France?

Que deviendra Paris? Notre chère paroisse de Billancourt, qui est, ce me semble, le point des environs de Paris le plus exposé au feu des assiégeants, n'est-elle pas destinée à devenir un monceau de ruines?

Et nous-mêmes, qu'allons-nous devenir, pauvres brebis, sans pasteur?

Quel malheur que nous ne puissions pas emmener avec nous, loin du théâtre de la guerre, toutes les femmes et tous les enfants, et surtout nos chers parents qui sont menacés de tant de maux! Comme nous allons prier pour notre chère patrie! Puissent nos prières obtenir du ciel la prompte cessation de la guerre à des conditions honorables!

Embrasse pour moi mon oncle et ma tante, et reçois, ma chère Nathalie, l'assurance de mon affection la plus sincère.

Ta cousine dévouée,

Irma L.

DEUXIÈME LETTRE

Chartres, le 4 septembre 1870.

Ma chère cousine,

Nous avons pris possession, depuis six jours, du pensionnat des bonnes sœurs de la Providence. C'est notre excellent curé, lui-même, qui nous a présentées à elles et qui a réglé les conditions de notre séjour dans cette maison.

Nous avons un beau et grand dortoir, qui nous fait trouver bien plus laides et bien plus incommodes toutes les petites pièces de notre pauvre habitation de Billancourt. Le réfectoire est immense. Quelle différence avec notre petite salle à manger !

Les vastes cours de l'établissement sont situées, comme la maison, sur la partie haute de la ville et nous permettent de jouir et d'une vue superbe et d'une atmosphère pure. Une jolie chapelle, desservie par le respectable supérieur de la communauté et par un aumônier chargé de l'instruction religieuse des enfants du pensionnat et de l'Orphelinat de la Providence (ces dames ont, indépendamment de leurs pensionnaires, une cinquantaine d'orphelines occupant un corps de bâtiment spécial), nous permet de satisfaire notre dévotion sans sortir de la maison.

Si nous n'étions pas en exil, et si nous ne pensions qu'à nous, nous serions, maîtresses et enfants, trop heureuses ! Mais nous songeons souvent à ceux que nous avons laissés à Paris et à Billancourt, et que nous ne reverrons peut-être pas avant deux mois, et que nous craignons quelquefois de ne plus revoir jamais, tant nous appréhendons qu'il leur arrive malheur !

Quant à nos chères petites filles, elles suivent ici le même règlement de vie qu'à Billancourt. Exercices de piété en rapport avec leur âge, travail manuel, classes, récréations, repas, tout a lieu en temps et heure comme à l'ordinaire.

Nous avons déjà visité une fois la célèbre cathédrale de Chartres et nous avons admiré sa grandeur et sa beauté.

Tu sais combien est petite et pauvre l'église de Billancourt. Eh bien ! cependant, nous nous disions toutes en sortant de la vaste basilique : « Certes, l'église Notre-Dame de Chartres est une merveille d'architecture, mais nous préférons notre chapelle de Billancourt. »

J'ai reçu, hier soir, une lettre de M. le curé. Il m'annonce qu'il a l'intention de venir voir dans quelques jours notre installation, si toutefois les communications ne sont pas interceptées entre Paris et Chartres ; car il paraît que les Prussiens se dirigent à marches forcées sur la capitale.

Que Dieu protége dans sa miséricorde et la ville et ses habitants !

Reçois, ma chère cousine, etc.

IRMA L.

TROISIÈME LETTRE.

Chartres, le 10 septembre 1870.

Ma chère cousine,

Notre cher et vénéré pasteur a tenu sa promesse. Il a passé plusieurs heures avec nous. Nous avons profité de sa présence et du pouvoir de juridiction dont jouit tout curé, même en dehors de son diocèse, pour nous confesser à lui. (Désormais nous nous adresserons au bon père supérieur de la Providence, qui consent à nous recevoir au nombre de ses pénitentes.)

M. le curé nous a encouragées à prier beaucoup et de tout notre cœur pour la France, d'abord, et ensuite pour ses paroissiens dispersés déjà en grande partie, dans tous les départements qui paraissent n'avoir pas à redouter l'envahissement des armées ennemies.

Il nous a dit que si le mouvement d'émigration qui a lieu depuis un mois ne s'arrêtait pas, il n'aurait bientôt plus que cinq ou six cents âmes à diriger, au lieu des 4,000 habitants que le dernier recensement assignait à sa paroisse. Il nous a déclaré qu'il se proposait de rester à Billancourt tant qu'il y aurait un nombre de personnes suffisant pour réclamer sa présence, et qu'en cas d'évacuation complète du territoire paroissial, qui lui semblait probable, il entrerait à Paris et offrirait ses services à Monseigneur l'archevêque, en qualité d'aumônier libre de quelqu'une des grandes ambulances de la capitale.

Sur ce, il nous a bénies et fait toutes les recommandations qu'il jugeait opportunes, eu égard aux circonstances présentes.

Inutile de te dire que cette perspective d'une séparation, dont nous ne pouvons entrevoir le terme, a ému profondément et les maîtresses et les petites orphelines.

Reçois, ma chère cousine, etc.

IRMA L.

QUATRIÈME LETTRE

Saint-Jean-d'Assé (Sarthe), le 24 septembre 1870.

Ma chère Nathalie,

Tu as sans doute appris par les journaux français que les Allemands sont aux environs de Chartres, ou même que la ville est en leur pouvoir. Et alors tu as dû gémir, comme nous, sur les revers de nos armées improvisées et sur les succès si peu méritoires de nos ennemis ; mais tu as certainement frémi et tremblé en songeant à ce que nous allons devenir, nous et nos vingt-quatre orphelines.

Sois sans inquiétude, ma chère Nathalie, grâce à Dieu, nous n'avons rien à craindre actuellement, car nous ne sommes plus à Chartres. Depuis trois jours, nous habitons une commune du département de la Sarthe, nommée Saint-Jean-d'Assé, où nous serons, du moins nous l'espérons, à l'abri de l'envahissement des troupes allemandes.

Mais j'entends d'ici tes exclamations :

« Pauvre Irma ! Pourquoi n'es-tu pas venue à Bordeaux avec ton petit monde, ainsi que nous t'y avions conviée ! Là, du moins, tu n'aurais pas été exposée aux inconvénients de plusieurs déménagements successifs. Tu aurais été auprès d'un oncle, d'une tante et d'une cousine qui t'aiment, comme une fille ou comme une sœur, au lieu d'être au milieu d'étrangers, qui ne doivent pas être si contents d'avoir sur les bras tes vingt-quatre filles adoptives ! »

Calme-toi, ma chère Nathalie, nous sommes à Saint-Jean-d'Assé, et nous y sommes aussi bien que possible, et tout le monde du pays paraît enchanté de nous posséder. Mais qu'est-ce que Saint-Jean-d'Assé ? Comment se fait-il que nous nous y trouvions ? Dans quelles conditions y sommes-nous ? Voilà, n'est-il pas vrai, autant de questions que tu te poses et dont tu attends la solution avec impatience.

Le but de ma lettre est de satisfaire de mon mieux ta curiosité et celle de mon oncle et de ma tante. Pour cela, j'entrerai dans les plus petits détails. Il en résultera que la longueur de ma lettre dépassera les bornes ordinaires d'une épître.

A vrai dire, c'est une *histoire* que je vais te raconter, histoire extraordinaire et même merveilleuse. Pour la composer, il ne m'a fallu rien moins que trois jours et la moitié de deux nuits.

Sache donc, ma chère Nathalie, que, lundi dernier 19, à quatre heures de l'après-midi, au moment où nous revenions de faire en ville une visite au bon vieillard dont le fils nous avait procuré l'hospitalité dans le couvent de la Providence, la sœur tourière nous apprenait que notre cher et vénéré pasteur s'était présenté au parloir, il y avait une heure environ, et avait demandé à nous voir immédiatement. Il paraissait très pressé, et avait promis de repasser dans quelques instants.

Juge de notre étonnement en entendant cette nouvelle ! Nous venions d'apprendre, chez le vénérable M. B... (1), que l'avant-garde allemande était signalée à Rambouillet ; et nous savions que, depuis trois jours au moins, il n'était plus possible aux habitants de Paris et de la banlieue de franchir les lignes ennemies. Nous étions convaincues que nous ne reverrions plus notre pasteur qu'au moment où la paix serait signée.

Quel moyen M. le curé avait-il donc employé pour se rendre de Paris à Chartres ? Bientôt il nous expliqua lui-même sa présence au milieu de nous.

Je pense ne pouvoir rien faire de mieux, ma chère Nathalie, que de te rapporter presque textuellement ses propres paroles :

« Mes enfants, nous dit-il, je crois devoir vous raconter les événements qui se sont passés depuis notre entrevue du 6 septembre. Ce récit vous fera comprendre comment et pourquoi je suis ici aujourd'hui.

« Vous savez déjà qu'un grand nombre d'habitants

---

(1) Décédé à Chartres en 1874, après une vie honorable, couronnée par une mort chrétienne. Il avait quatre-vingt-quatre ans ! Il avait exercé pendant plusieurs années, avec un zèle admirable, les fonctions de trésorier de la fabrique de Billancourt.

de Billancourt avaient quitté la paroisse avant votre départ. A partir de ce jour, ceux de mes paroissiens qui jouissaient d'une certaine aisance, ou bien envoyèrent leurs femmes et leurs enfants en sûreté dans les départements du Centre, de l'Ouest, ou du Midi de la France, ou bien louèrent pour eux et pour leur familles un logement dans Paris, où ils espéraient se procurer, avec leur argent, la nourriture de chaque jour pendant la durée du siége.

« D'autres habitants, qui n'avaient pas le moyen d'aller passer plusieurs mois en province ni de faire les frais d'un déménagement et d'une location dans la ville (il fallait au moins 30 francs pour l'emménagement et 50 francs pour la plus modeste chambre pendant trois mois), mais qui avaient leur père, ou mère, ou sœur, ou quelque autre membre de leur famille dans les départements, prirent le parti d'aller demander l'hospitalité à leurs parents, soit à leurs frais, soit à l'aide d'une réquisition sur les chemins de fer, délivrée par le maire de la commune. Mais il restait un certain nombre de femmes, les unes mères de quatre, cinq ou six enfants tout à fait pauvres, les autres ouvrières, blanchisseuses ou couturières, dont les petites économies avaient été déjà presque entièrement absorbées, par suite d'un chômage qui durait depuis un mois.

« Plusieurs d'entre elles me demandèrent avis et conseil sur le parti qu'elles devaient prendre dans la position faite par les funestes événements de la guerre à notre chère paroisse de Billancourt.

« Bien plus, une mère de famille vint me trouver et me dit ces paroles singulières: « Comment se fait-il,
« monsieur le curé, que vous ne cherchiez pas le moyen
« de nous soustraire, nous et nos enfants, au bombar-
« dement et à la famine? » Je répondis à cette per-

sonne qu'il n'était pas plus en mon pouvoir d'empêcher les Allemands de bombarder et d'affamer Paris, qu'il n'avait été en mon pouvoir de m'opposer à la déclaration de guerre ; que, loin d'être indifférent à l'avenir de mes paroissiens, je m'en préoccupais sérieusement ; mais que, jusqu'à ce jour, je n'avais trouvé aucune solution pratique aux difficultés présentes. Le lendemain de ce jour, je lus dans un journal qu'un maire de province se faisait fort de donner, dans sa commune, l'hospitalité à plusieurs familles pauvres de Paris ou de la banlieue. Cette proposition, si simple en apparence et réellement patriotique, me parut contenir des conséquences très importantes au point de vue de la défense de Paris. — En effet, me dis-je à moi-même, si le gouvernement, accordant déjà avec une grande facilité aux émigrants le moyen de circuler gratuitement sur les lignes ferrées, prescrivait aux maires de toutes les villes et de tous les villages de France situés, selon toute probabilité, en dehors de l'atteinte de l'ennemi, de loger un certain nombre de femmes et d'enfants, Paris se trouverait déchargé d'un nombre considérable de bouches inutiles.

« Pénétré de cette pensée et désireux de contribuer, pour ma faible part, au bien public, tout en rendant un service immédiat à mes paroissiens, je formai le projet d'emmener ceux-ci dans un pays où je pourrais leur procurer, à bon marché, le logement et la nourriture. Je me rappelai qu'une dame âgée de soixante-dix ans, mon ancienne paroissienne, qui s'était retirée, il y a cinq ans, avec son mari (décédé depuis), à Saint-Jean-d'Assé (canton de Ballon), m'avait parlé avec éloge des sentiments religieux des habitants de cette paroisse. J'en conclus tout naturellement qu'ils étaient charitables et hospitaliers, l'amour du prochain étant, selon la parole de Notre-Seigneur, la marque à laquelle on reconnaîtrait ses vrais disciples.

« Je supposais aussi que les vivres étaient abondants et d'un prix peu élevé dans ce pays. Enfin, je comptais d'autant plus sur le concours de mon ancienne paroissienne, qu'elle jouissait à Saint-Jean de l'estime universelle et qu'elle était personnellement très généreuse, malgré la modicité de ses revenus.

« C'en fut assez pour me déterminer à choisir Saint-Jean-d'Assé comme lieu de refuge pendant la guerre.

« Cependant, ne voulant pas agir d'après mon inspiration personnelle, je consultai successivement l'autorité ecclésiastique de Paris et l'autorité civile de Boulogne-sur-Seine.

« M. l'abbé Jourdan, grand-vicaire de Mgr l'archevêque de Paris, archidiacre de Saint-Denis (1), me dit de faire ce que je croirais le plus avantageux à mes paroissiens. De son côté, le maire de Boulogne, que j'allai trouver le soir du même jour (mardi 6 septembre), ne voulant me répondre qu'après avoir conféré avec le Conseil municipal, me promit, lorsque je pris congé de lui, de communiquer mon projet, le soir même, à ces messieurs qui devaient se réunir ; et le lendemain, il m'adressa une lettre dans laquelle il me disait que le Conseil municipal, ne s'étant pas trouvé en nombre, n'avait pu prendre connaissance de mon projet ; mais que plusieurs membres à qui il en avait fait part avaient vu là une excellente idée. Il m'engageait de plus à écrire au général Trochu et à attendre un ou deux jours.

« Fort de l'approbation formelle ou tacite de mon projet par les autorités dont l'assentiment m'était indispensable, j'écrivis au général Trochu, gouverneur de Paris et président du gouvernement de la Défense na-

---

(1) Actuellement évêque de Tarbes (Hautes-Pyrénées).

tionale, une lettre qui lui fut remise le lendemain matin. Dans cette lettre, je demandais au général, au nom des habitants de la paroisse de Billancourt, de vouloir bien me faire connaître les intentions du gouvernement concernant la banlieue de Paris. Je lui disais que j'étais disposé à emmener en province toutes les femmes et les enfants pauvres restant sur ma paroisse, pourvu que l'on m'accordât la circulation gratuite sur le chemin de fer pour un nombre indéterminé de personnes : je le priais, dans le cas où il ne serait pas possible d'obtenir cette faveur, de garantir à ces pauvres gens un asile et du pain dans Paris, lorsqu'ils seraient forcés d'y entrer au dernier moment.

« Le même jour (9 septembre), le général Trochu m'informait que ma lettre avait été transmise par lui avec recommandation à M. le préfet de police, comme objet rentrant plus spécialement dans ses attributions.

« Le dimanche 11 septembre, aux deux messes et aux vêpres, j'invitai toutes les personnes présentes (elles étaient déjà très peu nombreuses) qui ne savaient que faire et que devenir dans les circonstances actuelles, et celles qui m'avaient déjà demandé avis et conseil, à venir dans la journée s'entendre avec moi sur leur sort; je les priai en outre d'engager aussi à venir me parler tous les gens qui n'avaient pas pu assister, ce jour-là, aux offices de la paroisse.

Je dis à ceux qui se présentèrent qu'avec l'assentiment de l'archevêché de Paris et de la mairie de Boulogne, je me proposais de les emmener loin de Paris, si toutefois je n'étais pas obligé de payer les frais du voyage; que j'attendais à ce sujet une réponse de la préfecture de police, et qu'il fallait se tenir prêts à partir d'un instant à l'autre, au premier signal, parce que le chemin de fer de l'Ouest pouvant être coupé très prochainement, le moindre délai rendrait le départ impossible. J'ajoutai que si je n'obtenais pas la gratuité du transport par le chemin de fer, je leur ferais connaître à domicile la décision de la préfecture de police, de manière à les tirer au plus tôt d'embarras.

« J'attendais donc d'un jour à l'autre une réponse de la préfecture de police, lorsque, le mardi 13 septembre, parut dans tous les journaux un décret du gouvernement notifiant au public que les portes de Paris seraient fermées à partir de jeudi 15, à 6 heures du matin, et que personne ne pourrait plus entrer dans la ville, ni en sortir, sans une permission écrite du ministre de l'intérieur (1).

« La lecture de ce décret inattendu fut pour moi comme un coup de foudre : car, d'une part, je n'avais pas encore reçu de réponse de la préfecture de police ; et, d'autre part, les ponts de Billancourt, de Sèvres et de Saint-Cloud, déjà minés depuis quelque temps, devant être coupés d'un jour à l'autre, Paris fermant ses portes et le chemin de fer de l'Ouest étant sur le point d'être intercepté par l'ennemi, les habitants des paroisses de Billancourt et de Boulogne allaient se trouver isolés du reste du monde. Je m'empressai d'aller trouver le maire de Boulogne et de lui demander s'il n'était pas temps de réaliser mon projet d'émigration.

En l'absence du maire, le deuxième adjoint, qui était au courant de mon projet et de ma demande au général Trochu, fut d'avis qu'il y avait lieu de tenter une démarche auprès de la Compagnie du chemin de fer de l'Ouest, à l'effet d'obtenir, pour une centaine de personnes de ma paroisse décidées à partir, le transport

(1) Ce décret fut bientôt rapporté, le gouvernement de la Défense nationale ayant décidé que les mairies de la banlieue, dont le siège était transféré à Paris, se chargeaient de procurer le logement à leurs indigents.

gratuit jusqu'à la gare la plus rapprochée de Saint-Jean-d'Assé.

« Il me donna en même temps le certificat suivant, destiné à me servir de passe-port et, au besoin, de lettre de recommandation :

« Le maire de Boulogne-sur-Seine, soussigné, a
« l'honneur de prier les autorités civiles de vouloir
« bien accorder bon accueil, protection, aide et assis-
« tance, à M. l'abbé Gentil, curé de Billancourt (dépen-
« dant de cette commune), ainsi qu'aux familles de sa
« paroisse dont il a bien voulu faciliter la retraite à
« l'occasion du siége de Paris. »

« En me remettant cette pièce, M. le maire-adjoint me fit ses adieux à peu près en ces termes:

« Adieu, monsieur le curé, ou plutôt au revoir ! Vous
« faites là une bonne œuvre ; vous rendez service à la
« commune en mettant en sûreté un certain nombre de
« ses habitants ; vous rendez service à la ville de Paris
« en transportant au loin des bouches inutiles ! Si l'on
« avait fait en grand ce que vous faites personnelle-
« ment en petit, il en serait résulté pour Paris assiégé
« un avantage considérable. *Que Dieu bénisse votre
« entreprise !* »

« Je fis porter aussitôt par un employé de mon église la réquisition au siége de la Compagnie du chemin de fer de l'Ouest, tandis que deux ou trois autres personnes avertissaient mon monde, à domicile, que le départ aurait lieu le soir, et indiquaient pour rendez-vous mon presbytère. A neuf heures du soir, les femmes et les enfants, accompagnés par leurs maris et leurs pères, et portant à la main quelques hardes seulement (le chemin de fer ne prenait plus de bagages depuis six jours environ), quittèrent, non sans regret, leur chère paroisse, et se rendirent à pied jusqu'à la station de Bellevue. A dix heures du soir, nous montions en wagon.

« Il était grand temps de partir; car j'avais retenu d'avance deux voitures pour les émigrants, et l'affluence des voyageurs était telle qu'ils furent obligés de se disperser dans les différents compartiments. Si nous avions différé notre départ de vingt-quatre heures, nous n'aurions certainement pas trouvé de place. A Saint-Cyr et à Trappes, notre train laissa plus de deux mille voyageurs. Plusieurs de ceux que l'on prit à ces stations attendaient des places depuis deux jours. »

« Le lendemain, 15 septembre, à 10 heures du matin, nous descendions à la gare de Montbizot, point le plus rapproché de Saint-Jean-d'Assé sur la ligne du Mans à Mézidon.

« Tous mes gens, les jeunes enfants surtout, étaient bien fatigués de cette nuit passée en chemin de fer, et tous avaient hâte de prendre un peu de nourriture.

« Je m'empressai donc de les conduire au bourg, dans l'espérance d'y trouver de quoi les satisfaire. La première maison qui se trouva sur notre chemin, à l'entrée du bourg de Montbizot, était l'école communale des garçons. L'instituteur, à qui j'exposai en deux mots qui nous étions, d'où nous venions, et où nous allions, nous offrit aussitôt l'hospitalité et nous donna les renseignements nécessaires pour nous procurer du pain et du vin. C'était, dit-il, tout ce que l'on pouvait trouver dans le pays. Alors je priai l'instituteur de m'indiquer le presbytère, espérant que monsieur le curé s'empresserait de me procurer une nourriture plus substantielle. Je ne me trompais pas.

« Dès que le bon prêtre eut reconnu que nous étions des émigrés, il mit à notre disposition tout ce qu'il avait chez lui, en fait de provisions, et m'accompagna jusqu'à l'école. Jugez de ma surprise en arrivant ; je croyais trouver mon monde peu satisfait d'avoir attendu mon retour et je les trouvai à table, ayant déjà satisfait leur appétit. Voici ce qui était arrivé. Pendant que j'étais au presbytère, l'instituteur avait fait savoir aux habitants de son voisinage qu'il avait chez lui de pauvres émigrés conduits par leur curé, et aussitôt tous ces braves gens avaient porté à l'école du pain, du vin, du fromage, des fruits et autres comestibles. Aussi, quoique improvisé, le repas fut-il copieux. Bien plus, les provisions apportées par monsieur le curé de Montbizot, jointes à celles de ses paroissiens, furent si abondantes que les restes suffirent au souper du même jour et au déjeuner du lendemain.

« Un accueil aussi bienveillant, auquel nous ne pouvions pas prétendre, nous toucha profondément, et c'est, les larmes aux yeux, que nous remerciâmes, et le pasteur, et l'instituteur et les paroissiens de Montbizot de leur hospitalité fraternelle, sans oublier M. l'adjoint et M. le percepteur qui s'étaient mis à leur tête, dès qu'ils avaient eu connaissance de notre situation. (M. le maire était absent, ses fonctions de conseiller général réclamant sa présence à Ballon).

« A partir de ce moment, nous n'éprouvâmes plus aucune inquiétude sur la réception qui nous serait faite par leurs voisins de Saint-Jean-d'Assé.

« Bientôt même nous eûmes acquis la certitude que nous n'en serions pas réduits à coucher, ou dans des granges, ou dans des écuries, ou dans l'église, ainsi que je l'avais fait pressentir à mes gens avant notre départ. Car ce jour-là (15 septembre), le tirage au sort des jeunes gens du canton de Ballon ayant lieu, M. le maire et M. l'adjoint de Saint-Jean-d'Assé traversèrent le village de Montbizot et furent informés de notre arrivée et de notre projet d'établissement dans leur commune, et bientôt ils m'eurent promis leur concours empressé pour faciliter notre installation. Quant aux habitants de Montbizot, ils s'offrirent à nous conduire tous en voiture jusqu'à Saint-Jean-d'Assé, et en peu de temps nous eûmes franchi la distance de 6 kilomètres qui sépare les deux bourgs. A peine avions-nous mis pied à terre sur la route du Mans à Alençon, qu'à leur tour les habitants de Saint-Jean, avertis de notre présence par ces messieurs de la mairie, se présentèrent en nombre pour loger chez eux toutes les mères de famille et leurs enfants.

« Ce n'était pas assez d'avoir procuré un logement à tout ce monde (94 personnes), il fallait pourvoir à une organisation prompte et économique du service alimentaire. Pour cela, je m'adressai, dès le soir même à M. le curé de St-Jean-d'Assé. Ce digne ecclésiastique, non content de me faire un accueil bienveillant, a eu l'extrême bonté de m'offrir une buanderie et un hangar assez vastes pour servir de cuisine et de réfectoire, et une partie de son jardin pour la récréation des enfants avant et après les repas. Dès le 16, tous les repas furent pris en commun, et à heure fixe, au presbytère de Saint-Jean, grâce au dévouement de plusieurs femmes chargées par moi, et sous ma surveillance, de tous les détails de la cuisine. Ce même jour, je recevais de Monsieur le maire une lettre par laquelle après m'avoir exprimé ses sentiments d'estime et de profonde sympathie et m'avoir déclaré que je pouvais compter sur son dévouement, il m'annonçait l'envoi, de la part d'un de ses fermiers, membre du conseil municipal, d'une barrique de cidre à laquelle il joignait : 25 fagots, quelques bûches, huit bottes de paille destinées à servir de paillasses, et des légumes, avec cette mention « d'autres suivront selon vos besoins ». Enfin il me priait de recommander l'usage très modéré du cidre, cette boisson pouvant occasionner des dérangements à des estomacs qui n'y sont pas habitués.

« Je vous cite, mes chères enfants, le texte même de cette lettre pour que vous sachiez de suite que les femmes et les enfants dont je me suis chargé sont désormais assurés de ne pas manquer du nécessaire, du moment où le maire du pays aussi généreux que riche les prend sous sa protection spéciale.

« Deux jours après notre installation, M. le vicaire de St-Jean-d'Assé, ayant eu occasion d'aller voir Monseigneur l'évêque du Mans, eut la pensée de raconter au prélat mon arrivée dans cette paroisse, et de lui faire savoir que, devant résider dans son diocèse pendant un temps plus ou moins long, j'avais l'intention de lui offrir mes hommages respectueux.

Monseigneur, touché de ma conduite envers mes pauvres et leurs enfants, voulut bien dire à cet excellent vicaire, devenu l'un de nos plus zélés protecteurs, qu'il me recevrait avec un très grand plaisir. De son côté M. le maire de St-Jean, informé de mon désir d'aller rendre visite à Monseigneur m'invita gracieusement hier, à faire, de concert avec lui, le voyage du Mans, et mit à mon service et sa personne et sa voiture.

« La première parole de M. le Maire, en me voyant ce matin, fut la nouvelle de la suppression de la circulation sur le chemin de fer de l'Ouest entre Paris et Chartres, et de la marche des Allemands sur cette dernière ville. Bien plus, sans que j'aie même eu le temps de lui parler de vous, il me donna le conseil de partir immédiatement pour Chartres et de faire en sorte de vous ramener à St-Jean-d'Assé, soit afin de vous épargner la terreur et toutes les suites possibles de l'invasion, soit pour avoir la consolation de voir réunies dans un seul bercail les deux fractions de mon troupeau paroissial séparées jusque là par une trentaine de lieues. Ce conseil donnant pleine et entière satisfaction aux préoccupations qu'avait fait naître dans mon esprit la perspective de votre situation fâcheuse, par suite de l'isolement dans lequel vous alliez vous trouver, je me décidai à partir par le premier train ; mais comme j'avais deux heures disponibles, j'en profitai pour rendre à Monseigneur l'évêque la visite projetée.

« Le prélat était alors indisposé, et voulut bien, néanmoins, m'accorder une audience dont le souvenir restera à jamais gravé dans mon cœur, tant sa réception a été paternelle ! Après m'avoir félicité de la bonne inspiration que j'avais eue, me dit-il, de sauvegarder la vie des femmes et des enfants pauvres de la paroisse, il m'engagea fortement à profiter de la bonne volonté de M. le maire de St-Jean à votre égard, et il daigna m'inviter à revenir de temps en temps à l'évêché, et même à prendre place à sa table chaque fois que les besoins de ma colonie m'appelleraient au Mans.

« En sortant de l'évêché, je me rendis à la gare et, à midi précis, je montai en wagon. Et voilà, mes enfants, comment et pourquoi vous me voyez ici aujourd'hui.

« Demain, je ferai les démarches nécessaires pour obtenir la gratuité de votre transport à la gare la plus proche de St-Jean, et après-demain nous partirons dès le matin pour votre nouvelle et dernière installation ».

Je n'ai pas besoin de te dire, ma chère Nathalie, combien ce récit de M. le curé nous remplit d'étonnement et d'admiration, et ce que tu comprendras facilement, c'est que grande fut notre joie en nous voyant rapprochées de notre bon Pasteur, contrairement à toute attente, pour toute la durée de la guerre, et placées, comme les femmes et les enfants de la paroisse de Billancourt émigrés à St-Jean, sous sa protection immédiate.

La nuit étant venue, nous récitâmes avec M. le curé notre prière du soir, et tandis que nous allions coucher dans notre grand et beau dortoir, notre vénéré Pasteur se rendait chez le digne Supérieur de la Providence pour y passer la nuit.

Le lendemain (mardi 20), tout le monde se leva de bonne heure pour entendre la messe de M. le curé, et aussitôt après, celui-ci s'occupa des moyens de transport, et nous toutes, maîtresses et enfants, nous préparâmes nos paquets. Dans la soirée, monsieur le curé, bien fatigué, mais très-satisfait, nous rendit compte du succès de ses démarches. Monseigneur l'évêque de Chartres avait bien voulu lui donner une lettre pour Monsieur le préfet d'Eure-et-Loir ; d'autre part le Père supérieur avait intéressé en notre faveur un de ses parents, employé à la préfecture. Au moyen de ces deux recommandations, il avait obtenu une réquisition, sur le chemin de fer, au profit des petites orphelines. Dans la journée, il avait écrit à la bonne dame de St-Jean-d'Assé dont il a été question dans le récit de monsieur le curé, une lettre par laquelle il l'informait de son départ précipité pour Chartres, d'après les conseils de monsieur le maire, et de notre arrivée dans les vingt-quatre heures. En même temps, il la priait de nous préparer un logement, tel que nous puissions vivre ensemble, comme à Billancourt et à Chartres. Enfin, il avait retenu une voiture spéciale pour nos bagages trop considérables pour que nous puissions les porter nous-mêmes du couvent à la gare. La nuit me parut bien longue. Tandis que mes petites orphelines dormaient d'un sommeil profond, j'étais agitée par mille pensées plus tristes les unes que les autres, en rapport avec la gravité de l'état présent et de l'avenir de notre pauvre France, et de notre belle capitale; et de nos familles renfermées dans l'enceinte fortifiée !

Le 21, de bon matin, tout le monde fut sur pied, prêt à partir au premier signal. Mais, ô déception ! *une heure* seulement avant le départ, le chef de gare de Chartres nous fit annoncer que, par ordre supérieur, il venait de lui être interdit de recevoir les bagages, et que partant nous ne serions admises dans les wagons qu'avec les paquets peu volumineux dont chaque voyageur peut être muni en temps ordinaire.

Il nous fallut donc défaire les paquets préparés la veille, avec tant de peine et de soin, laisser à la garde des chères sœurs de la Providence la plus grande partie de notre lingerie, et nous contenter, malgré la perspective de l'hiver, de remettre à chacune de nos enfants juste ce qu'elle pouvait porter à la main, c'est-à-dire à peine de quoi changer de vêtements.

Les bonnes religieuses nous prêtèrent leur concours et nous fûmes en mesure de partir à l'heure réglementaire.

Quelques heures après nous descendions à la gare de Montbizot où cinq voitures appartenant à des habitants de St-Jean-d'Assé et conduits par leurs propriétaires nous attendaient pour nous transporter au bourg.

A notre apparition une foule immense d'hommes, de femmes et d'enfants, au milieu desquels apparaissaient quelques ecclésiastiques, se précipita vers la porte de sortie de la gare en demandant, les uns à porter nos bagages ou nos plus petites filles, jusqu'à l'endroit où stationnaient les voitures destinées à nous conduire à Saint-Jean-d'Assé, les autres à prendre chez eux une ou deux petites orphelines et à les garder jusqu'à la fin de la guerre.

C'est que cette multitude, accourue d'abord pour apporter des provisions de bouche aux soldats qui passaient alors continuellement sur la ligne de Mézidon au Mans, avait appris notre arrivée par les habitants de Saint-Jean venus au-devant de nous, et avait été émue et attendrie à la vue de ces pauvres petites orphelines conduites, comme de timides brebis, par leur pasteur devenu leur père adoptif. Inutile d'ajouter que nous avons remercié bien cordialement tous ceux qui nous ont offert leurs services, mais que nous n'avons pas consenti à nous séparer de nos filles, pas plus que celles ci n'auraient consenti à nous quitter et à abandonner leurs petites compagnes.

Une demi-heure après notre descente de chemin de fer, nous arrivions à St-Jean-d'Assé. La nuit commençait à venir. Il fallait donner la nourriture du soir et un lieu de repos à nos enfants.

Prévenue seulement vingt-quatre heures d'avance, comme je te l'ai dit plus haut, la bonne Madame Lal** avait pourvu à tout (1). Les enfants, après avoir bien soupé, allèrent se coucher dans des lits plus doux certainement que ceux de notre maison de Billancourt.

Et maintenant que tu sais pourquoi et comment nous sommes à St-Jean-d'Assé, je termine cette longue épître, me réservant de répondre prochainement aux autres questions dont la solution peut t'intéresser. Je te promets aussi de te tenir fidèlement au courant de tout ce qui nous concerne.

De ton côté, ma chère Nathalie, réponds-moi le plus

(1) Décédée en 1876, emportant dans la tombe les regrets de toute la population de St-Jean, dont elle avait conquis l'estime et l'affection, par sa douceur et sa charité.

tôt possible, dis-moi ce que mon oncle et ma tante pensent de ma lettre et de son contenu. Je les embrasse bien tendrement et les prie de ne pas se tourmenter à mon sujet.

Reçois, ma chère cousine, etc. etc.

IRMA L.

CINQUIÈME LETTRE

Saint-Jean d'Assé, le 7 octobre 1870.

Merci, ma chère Nathalie, de ta bonne lettre. Merci de tes nouvelles instances pour nous attirer à Bordeaux. Mais je t'assure que nous sommes bien logées, bien nourries, vêtues suffisamment, en un mot que nous ne manquons de rien, et je ne crains pas de t'affirmer que les bons habitants de St-Jean ne seraient pas d'humeur à nous laisser partir. Dis bien à mon oncle et à ma tante que nous sommes très reconnaissantes de leurs offres et de leurs démarches, mais que nous sommes décidées à rester où nous sommes, d'autant plus que nous ne pouvons nous résoudre à nous séparer des paroissiens de Billancourt et de notre vénéré pasteur. Celui-ci n'abandonnerait certainement pas les 94 femmes et enfants qu'il a pris sous sa responsabilité pour nous suivre, et d'autre part nous n'oserions jamais lui proposer de conduire tout ce monde dans le chef-lieu du département de la Gironde.

Si je m'en souviens bien, je t'ai raconté dans ma dernière lettre tout ce qui a trait à notre voyage de Chartres à St-Jean-d'Assé. Aujourd'hui, je vais te dire quelques mots sur Saint-Jean-d'Assé; sur notre installation et sur celle des femmes et des enfants de la paroisse de Billancourt.

Je suis persuadée que ces détails t'intéresseront, du moment où il s'agit de nous et de nos compagnons d'émigration.

Et d'abord St-Jean-d'Assé est une commune importante, située à 12 kilomètres du canton de Ballon, dont elle fait partie, et à 18 kilomètres de la ville du Mans. On y compte seize cents habitants.

La terre produit toute espèce de céréales, mais surtout du chanvre qui constitue la principale ressource et même la fortune de la commune de St-Jean et des communes voisines. Les pommes y sont plus abondantes, cette année, que les années précédentes.

La paroisse comprend la même circonscription territoriale que la commune. Elle est desservie, comme tu l'as appris accidentellement en lisant ma dernière lettre, par un curé et un vicaire, que nous ne saurons jamais assez louer, en retour de leur bonté inépuisable à notre égard. Je ne crains pas de dire que nous sommes les enfants gâtées de l'émigration.

L'Eglise n'a rien de remarquable au point de vue du style ; elle est petite et même insuffisante, eu égard à la piété des habitants ; il a été question avant la guerre, d'en bâtir une grande et belle. Quand ce projet s'exécutera-t-il ?

Pas de sitôt probablement, à cause des ruines que la guerre va accumuler sur ce pays comme sur le reste de la France.

Autour de l'Eglise, il y a un groupe de maisons formant ce qu'on appelle le bourg. Les autres habitations sont dispersées dans la plaine, et forment de petits hameaux, dont plusieurs sont à six kilomètres de l'Eglise.

Les écoles de garçons et de filles n'en sont éloignées que de quelques pas. Elles sont vraiment remarquables par leur grandeur et leur bonne tenue.

L'instituteur et sa femme et les chères sœurs à qui nous avons rendu visite, nous ont fait à l'envi l'accueil le plus aimable.

La mairie est attenante à l'école des garçons dont les salles bien éclairées et bien aérées servent aux opérations municipales. Monsieur le maire est un grand propriétaire du pays; il habite un château que l'on dit tout neuf et fort beau. Le croirais-tu? Monsieur de St*** (c'est le nom de monsieur le maire), sa femme et sa mère sont si bons qu'ils ont témoigné à notre pasteur le désir de nous recevoir prochainement chez eux et de nous donner à goûter.

Déjà ils nous ont fait cadeau de plusieurs lapins de garenne, sans parler des légumes et des fruits déposés par eux à différentes reprises, chez notre hôtesse.

L'adjoint au maire, monsieur P***, notaire, et sa femme, nous témoignent un intérêt tout particulier.

Je n'en finirais pas si je citais tous les noms des personnes qui nous ont fait des dons de toute sorte. Je me contenterai de nommer madame Lal**, madame G*, madame Lem*, qui pratiquent à notre égard l'hospitalité la plus généreuse. J'entre ainsi dans la seconde question que je t'ai promis de traiter dans cette lettre: *Notre installation* et, si j'en ai le temps, *celle* des femmes et des enfants de Billancourt. Je distingue ces deux installations, parce qu'elles sont nécessairement distinctes. La nôtre s'appelle « l'Orphelinat »; l'autre s'appelle « la Colonie ».

Et d'abord l'Orphelinat, qui comprend vingt-quatre enfants et quatre maîtresses, occupe trois maisons différentes. Chez madame Lem*** sont les enfants plus délicates avec une sous-maîtresse maladive depuis longtemps. C'est en quelque sorte notre infirmerie. Celles qui y sont, couchent dans de vrais lits et y jouissent d'un bien-être plus confortable que leurs sœurs bien portantes. Ce n'est pas que ces dernières soient mal couchées ; mais leurs lits sont posés immédiatement sur le plancher. Ils ne sont pas néanmoins trop durs ; car ils sont faits avec des bottes de paille et des couettes prêtées gracieusement par madame G***, et par plusieurs habitants du voisinage. D'ailleurs, cette maison semble bâtie exprès pour nous. Elle est encore neuve et n'a été habitée par personne autre que sa propriétaire, qui se contente d'occuper la moitié du rez-de-chaussée.

Cette excellente madame G*** a donc mis à notre disposition deux grandes chambres. Celle du rez-de-chaussée est le dortoir des plus petites, qui se lèvent plus tard ; la chambre du premier étage est le dortoir des grandes. Les unes et les autres sont placées sous la surveillance de leurs maîtresses respectives. Je t'assure que nous dormons toutes aussi bien que dans nos lits montés sur fer ou sur bois, et que nous n'avons pas froid jusqu'à présent, quoique les nuits commencent à être fraîches.

Si nous couchons chez madame Lem. et madame G., en revanche nous passons la journée chez madame Lal.. Cette sainte femme nous a abandonné sa cuisine avec ses ustensiles, la salle à manger et sa vaisselle, une autre pièce qui sert de lingerie, et elle a transformé son jardin en cour de récréation. Sa jeune et dévouée servante nous aide à préparer les repas. La salle à manger sert, tour à tour, de réfectoire, de salle d'étude et d'ouvroir. Je fais la classe régulièrement, toute la matinée, et, l'après-midi, l'on vaque au travail à l'aiguille, surtout au raccommodage. Nous tâcherons de trouver prochainement un travail lucratif. Si tu voyais ma chère Nathalie, cette installation telle que je viens de te la dépeindre, tu serais sans doute profondément touchée de la charité de nos hôtes, et tu proclamerais dans toute la ville de Bordeaux leurs louanges, et celles de tous les bienfaiteurs des petites filles orphelines et exilées de Billancourt.

Si j'étais peintre, je représenterais sur une toile destinée à perpétuer dans la suite des siècles le souvenir de cette hospitalité si touchante, tous les détails de notre installation. Si j'étais habile à manier la plume, je composerais, sur ce sujet, une histoire que j'intitulerais : « Histoire d'un Orphelinat de jeunes filles pendant la guerre de 1870-1871. » Il me semble que *ma toile* et *mon livre* tireraient des larmes d'attendrissement de tous les yeux, des cris d'admiration de tous les cœurs.

Mais je ne suis ni peintre, ni historien ; nous nous contenterons de prier pour tous nos bienfaiteurs. Plaise à Dieu qu'ils soient préservés des plus grands *fléaux de la guerre !* Que le Seigneur leur rende un jour, au centuple dans son paradis, ce qu'ils font pour les enfants de l'Orphelinat de Billancourt et pour leurs maîtresses ! Maintenant, parlons de la colonie.

Les femmes et les enfants composant la colonie ne vivent pas comme nous, tous ensemble. Chaque famille est logée séparément dans les maisons voisines de l'Eglise ; et, remarque-le bien, presque toutes occupent une ou deux chambres dont se privent volontairement les braves gens qui les ont accueillies, dès le jour de leur arrivée. Notre vénéré pasteur en est tout émerveillé et ne sait comment exprimer sa reconnaissance aux habitants de Saint-Jean-d'Assé.

L'on nous a raconté qu'il avait profité de la proposition que lui avait faite monsieur le curé de Saint-Jean, de prêcher, le 1er dimanche après son arrivée, pour leur adresser des remerciements auxquels ils ont été très-sensibles et qui ne contribueront pas peu à les encourager à continuer leur œuvre de charité chrétienne. Quant aux *repas*, ils sont préparés par des femmes de la colonie désignées *ad hoc*, et pris en commun, sous la présidence de notre vénéré pasteur qui récite le *Benedicite* et les *Grâces* et partage leur nourriture. Nous savons qu'il a refusé d'une manière absolue des plats supplémentaires que les cuisinières de la colonie avaient cru devoir lui présenter, sans l'en avoir averti, et que toutes les mères de famille ont été très-touchées de voir leur curé se faire pauvre comme elles. Tous les jours, avant le premier déjeûner, notre vénéré pasteur dit sa messe, à laquelle assistent librement et volontairement tous les membres de la colonie. Il est bien entendu que nous n'y manquons pas, nous et nos enfants. La messe terminée, l'on chante trois fois « *Parce Domine* » pour implorer la miséricorde divine en faveur de la France, et l'on récite une dizaine de chapelet pour les habitants de Saint-Jean-d'Assé, et surtout pour ceux qui font du bien à la colonie ou à l'orphelinat.

Après le souper, les membres de la colonie se réunissent de nouveau pour faire, avec monsieur le curé, la prière du soir ; celui-ci profite de la circonstance pour donner des avis et des conseils à tout son monde, ou pour leur faire des instructions destinées à leur rappeler les principales vérités de la religion.

Dans l'intervalle des repas, les mères de famille s'occupent à laver et à raccommoder leur linge, et tâchent de rendre quelques services à leurs hôtes qui, de leur côté, leur donnent quelques petites douceurs pour le goûter de leurs enfants. Les jeunes garçons et les jeunes filles sont admis, avec l'autorisation de monsieur le maire, dans les écoles de la commune où ils reçoivent les soins les plus dévoués de l'excellent instituteur et des bonnes sœurs.

Voilà, si je ne me trompe, ce qui peut t'intéresser par rapport à la colonie.

Mais je m'aperçois que je ne t'ai rien dit de l'emploi de notre temps le dimanche.

Eh bien, nous faisons à Saint-Jean-d'Assé, comme à Billancourt. Nous allons à la messe et aux vêpres, et le reste du temps, les maîtresses font le ménage à fond et surveillent les jeux des enfants, ou les accompagnent en promenade.

Nous n'assistons pas aux messes dites par monsieur le curé et par monsieur le vicaire de Saint-Jean pour les habitants de la commune, parce que les hommes sont si nombreux à la messe de 6 heures et les femmes à la grand' messe de 10 heures, qu'il n'y a pas de place pour nous. Nous avons, à 8 heures, une messe spéciale dite par notre vénéré pasteur à l'intention de tous ses paroissiens dispersés et surtout de ceux qui sont groupés autour de lui. Cette messe est chantée par nous et par nos enfants. Quelques habitants de Saint-Jean y sont venus par curiosité, et ils ont trouvé, m'ont-ils dit, que nous chantions très-bien.

Monsieur le curé fait le prône et une instruction après l'évangile, comme s'il était à Billancourt.

C'est bien le cas de dire qu'il y a à Saint-Jean une paroisse dans la paroisse.

Mais notre pasteur et celui de Saint-Jean-d'Assé vivent dans un accord parfait ; parce que autant celui-ci est bienveillant pour le premier, autant le premier est respectueux et reconnaissant envers le second.

Aux vêpres, il y a moins de monde qu'aux deux messes. Aussi avons-nous pu être admises dans l'église et, au grand étonnement des gens de Saint-Jean, nous avons chanté les psaumes, hymne et magnificat, alternativement avec les chantres de la paroisse. Monsieur le curé de Saint-Jean (1) et son vicaire nous ont adressé publiquement leurs félicitations à cette occasion, parce qu'ils espéraient que les jeunes filles du pays se piqueraient d'honneur pour nous imiter.

Tu vois que je te parle en toute simplicité, sans même dissimuler les compliments que l'on fait à nos filles. Mais tu ne t'en scandaliseras pas, toi qui sais combien nous aimons ces pauvres enfants à qui nous tenons lieu des mères qu'elles ont perdues tout à fait, pour la plupart, et des pères dont elles sont séparées pour longtemps encore. Autant nous sommes fières d'elles quand on fait leur éloge devant nous, autant nous serions affligées si elles méritaient quelques reproches. Jusqu'à présent elles ont été bien sages. L'on croirait qu'elles comprennent la gravité des événements qui les ont conduites si loin de Billancourt. Avant de clore ma lettre, j'ai eu la pensée d'en donner lecture à mes grandes filles. En entendant les dernières lignes, elles ont protesté hautement de leur résolution d'être de plus en plus sages et pieuses afin de plaire au bon Dieu et de rendre leurs prières pour la France plus efficaces. En même temps elles m'ont fait remarquer que j'avais oublié un incident qui nous a bien amusées.

Le lundi 19 Septembre (tu t'en souviens, sans doute), au sortir de l'évêché du Mans, notre vénéré pasteur s'était rendu à Chartres pour aller nous chercher. Afin d'édifier ses paroissiens sur son absence, il avait prié monsieur le maire de vouloir bien faire remettre, le

---

(1) Mort presque subitement, en rentrant chez lui, au retour de visites faites à plusieurs malades. Il a été vivement regretté de ses paroissiens et des émigrants.

soir même de ce jour, à monsieur le curé de Saint-Jean, une lettre dans laquelle il annonçait son départ imprévu pour Chartres, et les avertissait qu'il ne reviendrait que dans deux ou trois jours avec ses orphelines.

Mais tous les habitants de Saint-Jean et des villages voisins n'entendirent pas lire cette lettre au réfectoire paroissial, et quelques-uns ne virent qu'une chose, c'est qu'il était absent. D'autres en conclurent, tant l'imagination humaine est féconde en inventions, surtout quand il s'agit de juger et de condamner un prêtre, sans forme de procès, qu'il avait amené ses émigrés à Saint-Jean pour les mettre à la charge de la commune, et que, une fois le voyage fait, il était parti avec le magot (sic) pour se donner du bon temps et faire bonne chère. Ce bruit devint si général que le curé d'un village peu éloigné de Saint-Jean crut devoir venir de sa personne s'enquérir de la réalité des faits et offrir au besoin ses services à M. le curé de Saint-Jean-d'Assé, afin de l'aider à porter le fardeau que venait de lui imposer le prêtre parisien. M. le curé de Saint-Jean-d'Assé eut bientôt rassuré son confrère en lui rendant compte du motif de l'absence de notre vénéré pasteur, de la lettre par laquelle il l'avait annoncée à la colonie, et d'une seconde lettre écrite à madame Lal*, assignant le jour et l'heure de son retour de Chartres. Informé, dès le soir même de notre arrivée à Saint-Jean, de ces bruits absurdes, propagés par la malveillance ou la sottise, monsieur le curé de Billancourt décida que le dimanche suivant, il nous conduirait lui-même dans le village où ils avaient pris naissance. C'était évidemment le meilleur moyen de prouver aux plus incrédules que, loin d'être parti avec le magot, il avait été le chercher là où il était en dépôt. Et voilà pourquoi le dimanche 25 septembre, par un temps magnifique, nous avons traversé le bourg de Sainte-Sabine (1), rendu visite à l'excellent curé de cette paroisse et fait une station dans l'église où nous avons chanté l'Avè maris Stella, à la mode de Billancourt, en présence de plusieurs habitants curieux de nous voir et de nous entendre. Je te laisse le soin de tirer de cet incident toutes les conséquences morales qui en découlent; mais il y a une chose que je peux te garantir, ma chère cousine, c'est que depuis notre excursion à Sainte-Sabine, l'œuvre de l'émigration de la colonie et de l'orphelinat est devenue plus intéressante et plus sympathique à Saint-Jean-d'Assé et aux environs.

Sur ce, ma chère Nathalie, je termine brusquement ma lettre, parce que l'on m'annonce que le facteur (qui est en même temps leveur de boîtes) est à deux pas de la maison, et je te renouvelle, ainsi qu'à mon oncle et à ma tante,

l'assurance etc, etc.

IRMA L.

SIXIÈME LETTRE

Saint-Jean-d'Assé, 12 octobre 1870.

Ma chère Nathalie,

Tu te rappelles sans doute comment nous avons été accueillies, au moment où, venant de Chartres, nous descendions à Montbizot dans l'après-midi du 21 septembre.

Parmi les ecclésiastiques présents à notre débarquement, se trouvait un jeune prêtre, vicaire d'une paroisse nommée Saint-Mars-sous-Ballon. Cet excellent abbé avait été le plus empressé à nous offrir ses services, et, depuis ce temps, nous ne l'avions pas revu.

(1) Situé à trois kilomètres de Saint-Jean-d'Assé.

Hier, nous l'avons rencontré chez monsieur le curé de Montbizot. De la part de son curé, il est venu inviter notre vénéré pasteur à prêcher, dimanche prochain, dans l'église de Saint-Mars et il l'a prié d'autoriser les petites orphelines à l'accompagner et à chanter la grand'messe et les vêpres.

Mais pourquoi étions-nous à Montbizot, et comment le Vicaire de Saint-Mars s'y trouvait-il aussi? Je vais te l'apprendre en deux mots.

Monsieur le curé de Montbizot et ses paroissiens, qui avaient reçu, les premiers, si gracieusement notre vénéré pasteur avec les 94 femmes et enfants de la Colonie, le 15 septembre, avaient droit, ce semble à une visite spéciale. Aussi monsieur le curé de Billancourt avait-il demandé à ce vénérable ecclésiastique la permission de remercier publiquement, du haut de la chaire, ses excellents paroissiens de la manière dont ils s'étaient comportés à son égard, le jour où il mettait le pied sur leur territoire, sans être connu d'aucun d'entre eux.

Monsieur le curé de Montbizot, non-seulement se prêta volontiers au désir de notre cher pasteur, mais encore il lui déclara qu'il voulait absolument l'avoir à déjeuner chez lui, après la grand'messe, avec nous toutes, maîtresses et élèves. En ce qui nous concerne il y mit pour condition que nous remplirions à la messe et aux vêpres, l'office de chantres afin de donner une leçon aux enfants de sa paroisse.

De Saint-Jean à Montbizot, il y a six kilomètres. Le temps était beau nous fîmes joyeusement ce trajet à pied, sans nous presser.

A 10 heures précises nous entonnions l'Introït. Après l'évangile, notre vénéré pasteur prit la parole. Il trouva dans son cœur les termes les plus touchants pour exprimer au curé et aux habitants de Montbizot sa reconnaissance et celle de ses paroissiennes réunies avec leurs enfants à Saint-Jean-d'Assé, pour leur réception si cordiale et si fraternelle. Ensuite il leur expliqua avec clarté et simplicité la situation topographique de Billancourt, l'obligation où se trouvaient ses paroissiens, ou d'entrer dans Paris, ce qui était absurde, ou d'aller en province ce qui n'était pas facile pour tout le monde, et comment il avait été amené lui-même à choisir Saint-Jean-d'Assé pour refuge des plus pauvres familles.

Enfin il les encouragea à aimer Dieu, à pratiquer fidèlement la religion, à prier pour la France et à s'attacher au sol natal et au clocher de leur village, plutôt que d'abandonner la culture de la terre et de venir à Paris grossir le nombre déjà trop considérable des malheureux.

Les habitants de Montbizot écoutèrent cette allocution avec une attention extrême ; ils dévoraient des yeux notre vénéré pasteur, et plus d'un versa des larmes d'attendrissement lorsqu'avant de descendre de chaire, il présenta en quelque sorte à son auditoire les petites orphelines comme la portion la plus intéressante de son troupeau.

A la sortie de la messe, la plupart des assistants se pressaient à la porte de l'Eglise pour voir nos enfants défiler jusqu'au presbytère, où était dressée, si je puis parler ainsi, la table de festin que le bon curé de Montbizot nous avait préparé.

Notre petit monde fit honneur au repas, cela va sans dire, mais en observant les règles de la sobriété et de la bonne tenue qui convient à des enfants bien élevés. Bref, monsieur le curé de Montbizot parut satisfait de ses convives et il eut la charité de se mettre à la recherche de voitures destinées à nous reconduire à Saint-Jean-d'Assé, aussitôt après l'office de l'après-midi, le temps étant devenu incertain et la pluie menaçant de tomber avec abondance.

C'est peu d'instants avant notre départ que monsieur le vicaire de Saint-Mars, informé par la renommée de notre présence à Montbizot, vint trouver notre vénéré pasteur au presbytère, et lui fit l'invitation dont je t'ai parlé plus haut.

Il ajouta que les paroissiens de Saint-Mars avaient si grande envie de voir les orphelines et leur père adoptif, qu'ils s'étaient déjà offerts à venir les chercher à Saint-Jean dès le matin, et à les reconduire le soir dans des voitures suspendues.

Notre cher pasteur accepta avec empressement ces offres si gracieuses ; mais il y mit une condition, c'est qu'il serait autorisé à faire une quête au profit de ses émigrés, aussitôt après son sermon.

Le jeune vicaire se fit fort d'obtenir de son curé, et sans aucune difficulté, l'accomplissement de cette condition, et promit que la quête serait abondante.

Cette nécessité de recourir à la charité des fidèles, notre cher pasteur la reconnaissait depuis quelques jours, mais il se demandait avec anxiété par quel moyen il la provoquerait, et il n'en avait encore trouvé aucun.

Aussi la proposition du vicaire d'aller prêcher à Saint-Mars lui parut-elle comme une inspiration céleste, et lui fit-elle prendre immédiatement le parti de profiter de la bonne volonté du curé, du vicaire et des paroissiens de Saint-Mars, dans l'espérance que l'exemple donné par ceux-ci serait bientôt suivi par les curés et les habitants des autres paroisses.

Quant à la situation précaire qui menaçait les émigrés, une courte explication te la fera, pour ainsi dire, toucher du doigt.

Au 30 août, notre cher pasteur pouvait disposer d'une somme relativement importante, sans quoi il n'aurait pas assumé la responsabilité de l'émigration ; mais il présumait que le siége de Paris durerait deux mois seulement, et on le regardait alors comme un pessimiste, la plupart des parisiens s'imaginant que ce serait l'affaire de quinze jours. Or voilà déjà six semaines que l'orphelinat a émigré, et un mois que la colonie s'est mise en route, et il serait imprudent de ne pas songer, dès à présent, à l'avenir ; car il paraît, d'après les journaux bien informés, que le siége de Paris peut durer encore trois ou quatre mois. D'ailleurs, quoique nous vivions tous, orphelinat et colonie, à bon marché, nous sommes 122, et, en réduisant notre dépense, pour la nourriture seulement, à cinquante ou soixante centimes par jour, pour l'orphelinat, depuis le premier septembre, et pour la colonie depuis le 15 du même mois, nous avons fait une fameuse brêche à la bourse de notre curé.

Il était donc grand temps qu'il rencontrât sur son chemin le jeune et dévoué vicaire de St-Mars-sous-Ballon.

Cependant il regretta, sur le moment, que celui-ci ne lui eût pas parlé la veille, ou le matin même de ce jour, parce qu'il aurait eu sans doute l'idée de faire appel à la charité des habitants de Montbizot, et il aurait certainement fait une quête très-fructueuse.

Le digne curé de cette paroisse promit de le dédommager de ce contre-temps, en lui disant qu'il en serait quitte pour revenir prêcher une seconde fois dans son Eglise, s'il avait un jour ou l'autre besoin du concours de ses paroissiens.

Quoi qu'il en soit, voulant se mettre en règle vis-àvis de Monseigneur l'évêque du Mans (les statuts du diocèse defendent de faire des quêtes dans les églises, sans l'approbation de l'ordinaire), notre cher curé se rendit dans le courant de la semaine à l'évêché. Il expliqua à Sa Grandeur ses inquiétudes relativement à l'avenir, lui exposa l'offre gracieuse qui lui avait été faite par le vicaire de Saint-Mars-sous-Ballon, autorisé par son curé, et enfin lui demanda la permission de quêter, non-seulement dans cette paroisse, mais encore dans toutes celles des environs de Saint-Jean-d'Assé, dont les curés se montreraient sympathiques à son œuvre. Le vénérable prélat acquiesça de grand cœur à cette demande, voulut bien remettre aussitôt à notre cher pasteur une offrande qui fut reçue par celui-ci avec d'autant plus de reconnaissance qu'il n'ignorait pas les charges lourdes et nombreuses qui pesaient sur Sa Grandeur.

Cette offrande porta bonheur à notre vénéré pasteur. Car deux ou trois jours après, ayant eu occasion d'aller au marché de Beaumont-sur-Sarthe, chef-lieu de canton situé à 9 kilomètres de St-Jean, il eut la pensée de faire une visite au doyen de cette paroisse, de lui exposer son œuvre, et de lui demander la permission de quêter.

Aussitôt, le prenant au mot, le respectable doyen l'invita à venir prêcher et quêter à la grand'messe du dimanche 16 ; mais notre vénéré pasteur lui ayant répondu qu'il était attendu à Saint-Mars-sous-Ballon, ce même jour, monsieur le doyen lui offrit le dimanche suivant.

Tu vois, ma chère Nathalie, qu'à défaut de nouvelles politiques et militaires dont je n'ai pas à t'entretenir dans ma correspondance hebdomadaire, j'aurai bien des choses à te dire.

Car je me propose de te rendre un compte détaillé des deux excursions projetées à Saint-Mars-sous-Ballon et à Beaumont, aussi bien que de celles qui suivront sans doute jusqu'à la fin de la guerre.

Reçois, ma chère Nathalie, pour mon oncle et pour ma tante, et pour toi, l'assurance, etc., etc.

IRMA L.

SEPTIÈME LETTRE

Saint-Jean-d'Assé, le 20 octobre 1870.

Ma chère cousine,

Si tu as été touchée en lisant ma dernière lettre, à cause de la réception qui nous a été faite à Montbizot, tu le seras encore bien davantage en lisant dans celle-ci le récit de notre excursion à Saint-Mars-sous-Ballon.

Depuis dimanche dernier, nos petites orphelines comptaient les heures et les minutes, et il leur semblait que les jours de la semaine dernière étaient deux fois plus longs que ceux des autres semaines, tant elles attendaient avec impatience le moment où elles pourraient voyager en carriole !

Aussi furent-elles heureuses quand le 16, à 8 heures du matin, elles aperçurent à une certaine distance, les voitures, les chevaux et les conducteurs.

Tout le long du chemin elles récréèrent ces derniers par leur innocent babil, comme elles les édifièrent par le chant des cantiques et la récitation du chapelet. A neuf heures et demie, nous descendions au presbytère, où se trouvaient et le bon curé et son aimable vicaire. Bientôt la messe commença. Notre vénéré pasteur adressa la parole à un nombreux auditoire et annonça qu'il ferait lui-même la quête pour ses paroissiens émigrés et surtout pour ses petites orphelines, dont la présence rendait témoignage de l'authenticité des faits qu'il leur avait racontés. La quête fut excellente.

Monsieur le curé de Saint-Mars et son vicaire auraient bien voulu nous recevoir à leur table, mais les paroissiens s'y étaient opposés. Les plus aisés d'entre eux avaient réclamé, comme ils nous le dirent à nous-mêmes, l'honneur et le plaisir de donner à dîner chez eux à nos chères orphelines.

Ainsi, monsieur le maire en avait retenu quatre, monsieur l'adjoint six, monsieur l'instituteur deux et d'autres familles s'étaient partagé le reste, y compris les maîtresses.

Nous étions, à vrai dire, légèrement contrariées de nous séparer de nos enfants jusqu'aux vêpres, parce que nous craignions qu'elles fussent importunes par leur bavardage et la dissipation, apanage ordinaire de cet âge. Mais quand notre vénéré pasteur, après avoir rendu lui-même visite à toutes les personnes qui les avaient invitées à prendre place à leur table, nous affirma qu'elles les avaient édifiées par leur bonne conduite, nous fûmes très-heureuses d'avoir fait plaisir à ces dignes habitants de Saint-Mars. Aux vêpres, il y eut une affluence d'assistants telle, que le respectable curé de la paroisse nous déclara qu'il n'avait jamais eu autant de monde à cet office de l'après-midi, même aux grands jours de fête.

Une heure après, nous remontions en voiture et nous retournions à St-Jean-d'Assé, comblées des marques d'affection des habitants de Saint-Mars, enchantées de notre excursion et de son résultat financier.

Mais j'allais oublier, ma chère Nathalie, deux circonstances de notre petit voyage, qui méritent une mention particulière.

Première *circonstance*. Nous avons rencontré à Saint-Mars une femme habitant Billancourt depuis plusieurs années, et que son mari avait envoyée, vers la fin d'août, à Saint-Mars où elle était née et où résidait encore son père.

Cette personne fut doublement satisfaite, en voyant son propre pasteur et en nous voyant nous-mêmes. Elle nous connaissait d'autant mieux qu'elle était domiciliée tout près de notre maison.

Deuxième circonstance, bien touchante, et qui, j'en suis sûre, te causera une douce émotion. A l'issue des vêpres, notre vénéré pasteur avait reçu, de la main à la main, dans une des rues de Saint-Mars, les offrandes de plusieurs personnes. Dans le nombre il y en avait une qui était enveloppée dans du papier. Croyant qu'il s'agissait d'une pièce de 0 fr. 50 c. monsieur le curé mit l'offrande dans son porte-monnaie, sans regarder à combien elle montait. Juge de sa surprise, ma chère Nathalie, lorsque, dans la soirée, voulant se rendre compte du résultat définitif de la quête, il trouva une pièce de 10 francs en or, dans une lettre ainsi conçue :

« Monsieur le curé,

« Maman me donnant de l'argent pour ma toilette, j'ai pu économiser 7 fr. sur un vêtement ; je suis heureuse de pouvoir vous offrir cette pièce ; en retour, je vous supplie de m'obtenir le pur amour de Dieu que je désire tant, et je prie le bon Dieu qu'il vous bénisse avec votre petit troupeau. Monsieur le curé, votre toute reconnaissante qui ne veut pas qu'on le sache. »

Oui, sans doute, ma chère sœur, aurais-je dit à cette jeune personne, si j'avais reçu cette offrande, et si j'avais pu deviner le contenu de sa petite lettre, vous avez raison de faire le bien sans que les hommes en aient connaissance. Mais Celui qui voit le fond des cœurs vous en récompensera d'autant plus généreusement.

que vous vous êtes imposé un sacrifice qui n'est pas sans valeur devant Dieu, de la part d'une jeune personne, et que vous avez mis en pratique le conseil évangélique « que votre main gauche ignore ce que fait votre main droite ! »

N'est-ce pas, ma chère Nathalie, que cette jeune fille est bien charitable? Nos filles en entendant lire sa petite lettre n'ont pû s'empêcher de dire tout haut : « Ah! nous ne la connaissons pas, cette petite demoiselle, mais nous l'aimons bien, parce qu'elle est bien bonne, et nous prierons désormais tous les jours pour elle. »

« Avant-hier, notre vénéré pasteur a reçu par un ballon une lettre très-intéressante et très-triste en même temps, de son vicaire.

Ce bon abbé n'ayant aucun ministère à remplir dans la paroisse complétement évacuée dès le 16 septembre, était entré dans Paris. Sa lettre répond à un mot que monsieur le curé lui avait écrit à Saint-Jean-d'Assé, pour lui annoncer son arrivée et la réception faite à tout son monde. Ce mot avait mis quatre jours pour entrer dans Paris, avant que la ville fût entièrement cernée par l'armée allemande. Quant à la réponse de monsieur le vicaire, datée du 5 octobre, elle n'est parvenue à sa destination que le 18!

Notre vénéré pasteur a bien voulu me permettre de la copier, quand je lui ai dit que je désirais l'envoyer à mon oncle et à ma tante, et à toi, pour vous donner une idée de la situation actuelle de Billancourt.

« Paris, le 5 octobre 1870.

« Monsieur le curé,

« J'ai reçu votre lettre quatre ou cinq jours après son départ. Je désire que le petit mot que je vous adresse vous arrive d'abord, et ne mette pas plus de jours à vous être remis.

« Je me trouve, depuis huit jours, aumônier de deux bataillons de mobiles et, chose curieuse, dans votre paroisse, que je m'abstiens de nommer. Je m'ennuyais beaucoup; je suis allé faire visite à plusieurs commandants. Bref, me voilà aumônier, disant la messe dans votre église où l'on s'est contenté, il y a quinze jours, de fracturer les troncs, et ayant le vivre et le couvert au quartier général avec messieurs les officiers supérieurs. Votre pauvre paroisse est bien triste à voir, bien abîmée. Toutes les maisons ont été ouvertes et fouillées presque par tout le monde. Le presbytère lui-même n'a pas été épargné; votre bureau a été tout brisé.

« Monsieur votre père doit venir demain enlever le reste. Vos parents vont très-bien.

« Pourrez-vous reconnaître votre paroisse plus tard, si toutefois elle existe encore ?

. . . .

« Agréez, monsieur le curé, etc. »

Grâce à Dieu, notre petite église existe encore; mais hélas ! n'y a-t-il pas lieu de craindre qu'elle soit prochainement brûlée ou démolie par les boulets et les obus de l'armée assiégeante ? Et puis quelle perspective nous fait entrevoir cette phrase ? « Pourrez-vous reconnaître votre paroisse plus tard, si toutefois elle existe encore ? »

Cette lettre nous a profondément attristées; et depuis qu'elles l'ont entendu lire, nos petites filles elles-mêmes ont été plus sérieuses.

Adieu, ma chère Nathalie, ne cesse de prier pour

les pauvres parisiens et pour la conservation de notre chère paroisse.

Reçois, etc, etc.

IRMA L.

HUITIÈME LETTRE

Saint-Jean-d'Assé, le 28 octobre 1870.

Ma chère Nathalie,

Si j'avais reçu des nouvelles de mes parents, je t'en aurais fait part. Leur silence ne m'étonne pas ; car, ou ils ignorent qu'il y a des ballons faisant le service de la poste, entre Paris et la province, ou leur lettre, s'ils m'en ont adressé une, a été déposée dans un ballon tombé soit entre les mains des ennemis, soit dans l'Océan.

Parmi les mères de famille de la colonie, une seule a été assez heureuse pour recevoir quelques lignes de son mari par le ballon porteur de la lettre de monsieur le vicaire de Billancourt. Cet homme a bon espoir que la capitale saura se débarrasser, et même prochainement, des Allemands qui l'assiégent. Plaise à Dieu que ses pressentiments se réalisent et que nous puissions retrouver bientôt, les uns et les autres, nos parents sains et saufs et que nous ayons la consolation d'être témoins du triomphe de la France. Mais si les lettres de Paris parviennent difficilement à Saint-Jean et seulement par voie aérienne, avec la meilleure volonté du monde, il nous est absolument impossible d'écrire à nos parents. Cette circonstance nous afflige d'autant plus que si nous sommes inquiets sur leur compte, ils doivent, de leur côté, être bien tourmentés quand ils pensent à nous. Encore, s'ils savaient le bon accueil qui nous est fait partout ils se consoleraient de notre absence et, peut-être, envieraient-ils notre sort?

Dimanche dernier, 23 octobre, notre vénéré pasteur a été prêcher et quêter pour nous et pour la colonie à Beaumont-sur-Sarthe, à neuf kilomètres de St-Jean,

Nous n'avons pas participé à cette excursion.

Aussi, tout ce que j'en sais, parce que monsieur le curé se plaît à raconter à la colonie et à l'orphelinat réunis dans l'Eglise de Saint-Jean-d'Assé les divers incidents de ses voyages, c'est que, dans cette petite ville, il a été accueilli de la façon la plus gracieuse et par monsieur le doyen et par les habitants, et que la quête a été très-fructueuse. Des personnes, qui passaient pour peu favorables au clergé, lui ont donné des témoignages non équivoques de respect et, de plus, lui sont venues en aide dans la mesure de leurs ressources, les unes en lui promettant leur souscription en argent, les autres en lui offrant des marchandises de leur commerce, soit gratuitement, soit à un bon marché exceptionnel.

Ce qui lui a causé surtout un grand plaisir c'est de rencontrer à Beaumont d'anciens habitants de Bellevue (Seine-et-Oise), qui s'y sont réfugiés avant le siége de Paris, et qui se sont engagés à s'occuper tout particulièrement de nos petites filles.

De plus, un élève du grand séminaire du Mans, dont la mère, veuve très-estimable, jouit d'une honorable aisance, a déjà fait choix d'une provision de sabots te de chaussons pour l'orphelinat. Il nous les apportera prochainement en compagnie de deux messieurs, ses amis, admirateurs passionnés de l'œuvre de l'émigration. Quant à monsieur le doyen, il a engagé notre vénéré pasteur à revenir souvent à Beaumont et à le tenir au courant de sa situation, tant il est désireux de lui être utile.

En comptant le produit de sa quête, monsieur le curé a trouvé dans la bourse une lettre contenant une pièce de cinq francs en argent.

Cette lettre est ainsi conçue :

« Monsieur le Curé,

« Permettez-moi de contribuer pour ma petite part à la bonne œuvre que vous avez entreprise pour les pauvres populations des environs de Paris, et de vous remettre mon obole en vous félicitant cordialement de votre dévouement.

« Votre respectueux serviteur,

« L. G.

« Docteur médecin à Beaumont, ex-docteur à Bellevue près Meudon. »

C'est ainsi, ma chère Nathalie, que l'œuvre de notre vénéré pasteur est appréciée dès qu'elle est connue, principalement quand il explique lui-même les circonstances qui ont déterminé l'émigration et la situation difficile dans laquelle vont se trouver prochainement l'orphelinat et la colonie, si l'on ne lui vient généreusement en aide. Il paraît qu'à Beaumont, des larmes ont coulé des yeux d'un bon nombre d'assistants pendant son allocution.

Hier, par un temps superbe, nous nous sommes rendues, sous la conduite de notre cher curé et de monsieur le vicaire de Saint-Jean-d'Assé, qui nous servait de guide, à Chevaigné, hameau dont les habitations entourent le château et le parc de monsieur le maire.

Monsieur de St-***, sa femme et sa mère eurent la bonté de nous faire visiter leur belle et grande propriété; après quoi ces dames présidèrent elles-mêmes au service du goûter composé de charcuterie, de riz au lait, de pâtisserie, de crêmes et de fruits.

Nos enfants firent honneur à leurs hôtes, parce qu'elles avaient franchi à pied la distance de St-Jean à Chevaigné (6 kilomètres), et parce qu'elles devaient retourner dans les mêmes conditions.

Quant à moi et à la plus ancienne sous-maîtresse, nous avons eu l'honneur de causer avec ces dames, pendant une demi-heure environ.

Désireuses de connaître en détail notre œuvre, sa fondation, ses ressources, son règlement, elles nous firent mille questions auxquelles nous répondîmes en toute simplicité, comme si nous les connaissions depuis dix ans, tant elles nous mirent à l'aise. Monsieur le maire nous montra lui-même les écuries, les chevaux, la sellerie, les chiens, la serre et enfin la petite et ancienne chapelle de Chevaigné, église paroissiale avant la grande révolution, devenue actuellement la chapelle du château.

Je ne te ferai pas la description de la résidence d'hiver et d'é é de la famille de St-**, je connais trop peu l'architecture pour m'en tirer honorablement; je me contenterai de te dire qu'elle est grande, belle, neuve et habitée par des propriétaires qui en sont, par leur charité, le plus bel ornement.

Nos enfants se sont jointes à nous pour remercier monsieur le maire et ces dames de leur bonté, vraiment extraordinaire, et en retournant à Saint-Jean, elles se faisaient part les unes aux autres de leurs diverses impressions; mais toutes déclaraient à l'envi, qu'elles étaient bien contentes de leur journée et qu'elles retourneraient volontiers à Chevaigné une fois par semaine.

Je ne sais si c'était la reconnaissance qui les faisait parler ainsi, ou si c'était le souvenir du bon et copieux goûter qu'on leur avait servi; mais je suis persuadée qu'elles me parleront souvent de cette délicieuse excursion.

Ce qu'il y a de certain, c'est que si nous n'allons plus prendre de repas à Chevaigné, nous aurons certainement à l'avenir, comme par le passé, notre bonne part de la chasse de monsieur le maire, du produit de sa basse-cour, et des fruits de son jardin.

Reçois, ma chère Nathalie, etc., etc.

Irma L.

NEUVIÈME LETTRE

Saint-Jean-d'Assé, le 5 novembre 1870.

Ma chère Nathalie,

Avant de continuer le récit des excursions ou plutôt, si j'osais le dire, des courses apostoliques de notre vénéré pasteur, au profit de l'orphelinat et de la colonie, je m'empresse de répondre à tes désirs en te faisant savoir : Où nous en sommes par rapport à l'ouvrage? Quel est le prix des vivres ? Comment nous passons nos soirées ?

1° Pour l'ouvrage, nous en avons un peu depuis quelque temps (ce sont des guêtres pour soldats), mais de seconde main, partant peu rétribué. Nous l'avons pris néanmoins parce que l'oisiveté deviendrait dangereuse à nos filles en âge de travailler, et aussi parce que le peu que nous gagnons diminue d'autant les dépenses que nous occasionnons à notre cher pasteur. Voici la saison qui commence à devenir froide, et il a fallu acheter des vêtements d'hiver à nos vingt-quatre filles, et aux femmes et aux enfants de la colonie.

Aussi monsieur le curé a-t-il eu la pensée d'aller lui-même chercher au Mans un travail plus avantageux, s'il est possible : il nous a rapporté, vendredi dernier, des tentes pour les soldats, ouvrage très-pénible, mais mieux payé que les guêtres.

2° Le prix des vivres n'est vraiment pas élevé. Cela tient à ce que les provisions de toute sorte qui étaient dirigées sur Paris ne trouvent plus de débouché. Aussi profitons-nous, non sans regret, d'une situation fâcheuse pour tant de personnes qui, auparavant, faisaient un commerce lucratif, et surtout pour les pauvres parisiens.

Nous payons le demi-kilogramme de pain blanc 15 ou 16 centimes ; le bœuf, de 30 à 40 centimes ; le porc frais 35 centimes, le 1/2 kilog ; les pommes de terre, 60 centimes le double décalitre ; le reste est à l'avenant. Les pommes et le cidre ayant été donnés, en quelque sorte à discrétion, jusqu'à présent, par les habitants de Saint-Jean, nous n'en connaissons pas le prix.

S'il n'avait que nous à sa charge, notre cher pasteur ne serait pas embarrassé, comme il l'est actuellement ; mais il y a, outre le personnel de l'orphelinat, tu ne l'as pas oublié, 94 femmes et enfants jouissant d'un très bon appétit !

3° *Nos soirées* ne nous paraissent pas trop longues. D'abord nous soupons tard, et nous nous couchons de bonne heure. Ensuite, nos enfants étant trop jeunes pour être condamnées au silence et aux larmes que semblerait réclamer la situation, se récréent soit en jouant, sous nos yeux, à pigeon-vole, au petit corbillon, aux propos interrompus, etc, soit en improvisant des charades en paroles, ou en actions, soit en chantant des cantiques, ou des hymnes sur des airs que leur a appris monsieur le vicaire de Saint-Jean. De cette sorte nous ne trouvons pas nos soirées trop longues.

Maintenant, ma chère Nathalie, parlons des deux dernières excursions de notre vénéré pasteur.

La première a eu lieu le dimanche 30 octobre, à Saint-Marceau, à 5 kilomètres de Saint-Jean, petite paroisse qui possède, indépendamment de l'église paroissiale, une belle chapelle dédiée à saint Julien, premier évêque du Mans.

Monsieur le curé de Saint-Marceau n'avait pas osé inviter notre vénéré pasteur à prêcher et surtout à quêter dans son église, parce que les quêtes faites ordinairement pour les séminaires, le denier de Saint-Pierre, etc, rapportaient si peu qu'il craignait de l'exposer à un affront. Mais il n'avait pas voulu rejeter la demande qui lui avait été adressée à ce sujet.

Aussi sa joie fut-elle très-grande, lorsqu'il constata de ses propres yeux que le produit de la quête, faite par notre bon curé, à la suite de son sermon, avait été quatre fois plus abondante que la plus forte de ses quêtes.

Je ne peux résister au désir de te citer deux traits touchants qui se rapportent à Saint-Marceau et qui nous ont été racontés, à peu près en ces termes, par notre cher pasteur.

« Une femme, paraissant âgée de soixante ans environ, se présente chez monsieur le curé de Saint-Marceau, à la fin du repas qui suivait la grand' messe et, s'adressant à moi, elle me dit : « Monsieur le curé, je
« suis honteuse de vous donner une somme si modi-
« que, mais je ne suis qu'une pauvre domestique et
« j'ai un fils sous les drapeaux » ; or, en parlant ainsi,

elle me remettait une pièce de 5 fr. en argent ! N'est-ce pas ici le cas d'appliquer à cette femme pieuse et charitable, ce que le seigneur Jésus a dit de l'aumône de la pauvre veuve ?

« Quelques instants après une domestique qui n'avait pas osé donner dans l'église tout ce que son bon cœur réservait aux petites orphelines, de peur d'être vue de ceux qui l'entouraient, m'apportait secrètement au presbytère une aumône considérable, eu égard à sa condition. »

La seconde excursion a eu lieu à la Bazoge, le lundi 1er novembre, jour de la Toussaint. Je peux t'en parler plus longuement parce que nous y étions toutes, maîtresses et enfants.

Plusieurs habitants de ce gros village, situé à sept kilomètres de St-Jean-d'Assé, sont venus nous chercher avec des carrioles très-confortables.

Le vénérable curé (1) nous ayant engagées à nous réchauffer chez lui, au coin d'un bon feu, nous avons profité avec plaisir de son invitation, parce que nos voitures découvertes ne nous avaient pas mises à l'abri d'un froid assez sensible. Un quart d'heure après, nous prenions place, non loin de l'autel, et nous commencions le chant de la grand'messe.

Là, comme à Montbizot et à Saint-Mars-sous-Ballon, les braves campagnards furent émerveillés du discours de notre vénéré pasteur et de notre chant.

Leur admiration se traduisit d'une manière plus sensible que dans les deux autres localités. Lorsque la grand'messe fut terminée, tous les assistants étant sortis, nous nous dirigeâmes vers la porte de l'église.

(1) A cette époque il était atteint d'une paralysie partielle ; il a rendu son âme à Dieu en 1875 ; ses paroissiens l'ont pleuré bien sincèrement.

Là, un spectacle singulier s'offrit à nos regards. Les fidèles plus nombreux encore, en ce jour, que les simples dimanches, à la grand'messe, formaient de chaque côté, depuis la porte jusqu'au presbytère, comme une haie non interrompue à travers laquelle il fallut passer. A mesure que nous défilions devant cette foule, nous entendions ces exclamations touchantes : « Qu'elles
« sont gentilles ces petites ! Comme elles sont propres
« et bien tenues ! Comme elles ont bonne façon ! Que
« vous êtes heureuses d'avoir un bon père comme
« votre curé ! »

Et plusieurs avaient les larmes aux yeux en disant :
« Les pauvres petites ! Dire qu'elles n'ont plus de
« mères ! Priez bien le bon Dieu, mes enfants, pour
« qu'il vous conserve longtemps votre bon pasteur ! »

Cependant monsieur le curé de la Bazoge daigna admettre à sa table le nombre de convives qu'elle comportait ; les autres enfants furent conduites chez deux ou trois personnes aisées et charitables.

Après les vêpres et le salut chantés par nous, l'on dut songer au moyen de retourner à Saint-Jean. Car nous désirions ne pas partir trop tard.

Tandis que nos conducteurs préparaient leurs chevaux, quelques habitants réunissaient, en toute hâte, dans deux voitures, des provisions de toute sorte qu'on nous destinait spécialement.

Tu ne seras pas surprise, ma chère Nathalie, de lire ces détails peu importants en eux-mêmes, mais très-importants pour nous. Je me conforme en cela au désir que tu m'exprimais avec instance dans ta dernière épître. Et puis il me semble, qu'il est de mon devoir de raconter des faits dignes d'être publiés un jour, pour montrer à nos ennemis que la charité chrétienne n'est pas éteinte en France, et qu'elle ne demande qu'une circonstance favorable pour se manifester dans les campagnes elles-mêmes, dont on croit généralement, mais à tort, les habitants plus égoïstes que ceux des villes.

Je n'ai plus rien à te dire, aujourd'hui, ma chère Nathalie. Et cela est tout naturel ; car notre existence, à part les excursions, est toujours la même.

La santé de nos enfants est excellente.

La maîtresse qui dirige le travail à l'aiguille est très-délicate ; mais il est impossible de la faire reposer ; elle mourra certainement les armes, c'est-à-dire l'aiguille à la main, elle coud même quand elle est alitée.

Reçois ma chère Nathalie, etc., etc.

IRMA L.

DIXIÈME LETTRE

Saint-Jean-d'Assé, le 15 novembre 1870.

Ma chère Nathalie,

. . . .

Depuis le 3 novembre, nous n'avons fait qu'une seule excursion, avant-hier (13), à Mézières, en compagnie de notre bon curé. Celui-ci a été seul le dimanche 9, prêcher et quêter dans l'église de Ballon, chef-lieu de canton. (Soit dit en passant, les habitants des petites villes n'ont pas témoigné le désir de voir nos enfants, et MM. les curés n'ont pas jugé à propos de l'engager à nous faire venir.)

En rendant compte à la colonie et à l'orphelinat de cette journée, monsieur le curé nous a cité plusieurs traits vraiment édifiants de la charité des habitants de Ballon, de la part qu'ils ont prise à la quête, aussi abondante que celle de Beaumont-sur-Sarthe. Plusieurs notables ont promis de faire conduire prochainement à Saint-Jean, du bois et du cidre pour la colonie. Cinq jours après, nous recevions deux grandes voitures chargées de bois et de plusieurs pièces de cidre. Un jeune pharmacien nouvellement marié, a été tellement touché en entendant l'allocution de monsieur le curé, qu'il s'est offert à lui fournir gratuitement tous les médicaments, dont les émigrés auraient besoin, pendant la durée de leur séjour dans la Sarthe.

L'offre du généreux pharmacien a été acceptée avec empressement et satisfaction par notre vénéré pasteur. Indépendamment de quelques-unes de nos enfants, qui ont besoin d'huile de foie de morue pour fortifier leur tempérament délicat, il y a actuellement deux femmes malades appartenant à la colonie, auxquelles il y a lieu de procurer les médicaments que l'on ne peut pas trouver à Saint-Jean-d'Assé. Une de ces femmes nous a été confiée plus spécialement par monsieur le curé, parce qu'elle est logée en face de la maison de madame L... Ses enfants sont nourris par la colonie, mais nous lui fournissons du bon bouillon et de temps en temps de la viande rôtie. *Elle n'aurait* certainement pas été aussi bien soignée chez elle, à Billancourt, même en temps ordinaire.

(Je profite de cette circonstance pour réparer un oubli involontaire en te disant que le médecin de Saint-Jean-d'Assé visite assidûment à domicile, ou reçoit chez lui, les malades de la colonie et de l'orphelinat, sans accepter aucun honoraire.)

Enfin le vénérable doyen de Ballon s'est fait fort de recommander l'œuvre de l'émigration aux curés de son canton qu'il devait recevoir le lendemain à l'occasion de la conférence ecclésiastique.

De son côté, monsieur le curé de Saint-Jean-d'Assé a déjà parlé de nous à plusieurs de ses amis et voisins, et l'un de ces messieurs, monsieur le curé de Mézières nous a invitées à accompagner notre cher pasteur le dimanche 13.

Mézières étant à 10 kilomètres environ de Saint-Jean-d'Assé; nous n'avons pas voyagé à pied. De braves gens sont venus nous chercher et nous ont ramenées dans leurs voitures.

Notre première visite fut naturellement pour monsieur le curé de Mézières qui nous accordait l'honneur de chanter l'office.

Après la grand'messe, les sœurs de l'école nous annoncèrent qu'elles avaient demandé à monsieur le curé la permission de nous faire dîner avec elles. Le digne prêtre s'était réservé l'honneur de traiter notre cher pasteur. Au dessert, nous avons reçu la visite de ces messieurs. Les bonnes sœurs ont bien voulu rendre de nos enfants le meilleur témoignage. A vrai dire celles-ci n'auraient pas eu grand mérite à être bien sages. Ces dames leur avaient laissé la liberté de faire tout ce qui leur plaisait, et leur avaient donné un dîner excellent.

Pauvres enfants! tandis qu'elles étaient servies avec tant d'abondance je ne pouvais m'empêcher de songer à la disette qui, peut-être, se faisait déjà sentir à Paris. Et j'aurais eu presque regret de les voir jouir en ce moment du superflu, si je ne m'étais pas dit qu'après tout elles avaient besoin d'une nourriture substantielle pour devenir un jour des mères de famille robustes, et qu'un moment viendrait, sans doute où elles endureraient forcément les privations qui altéreraient trop tôt leur tempérament.

Précédées par ces messieurs, suivies par les sœurs,

et escortées par quelques-unes des meilleures familles de Mézières, nous nous sommes rendues aux vêpres. Nos enfants ont, ce me semble, exécuté le chant des psaumes, de l'hymne et du magnificat, encore mieux que les autres dimanches. Est-ce parce qu'elles sont moins timides que les premières fois? Est-ce parce qu'on leur avait adressé des compliments sur le chant de la grand' messe? est-ce enfin parce qu'elles étaient ravies de la beauté de l'église, de la piété des paroissiens, de la bonté du curé de Mézières? C'est peut être pour un seul de ces motifs; c'est peut-être pour tous les trois à la fois? Je l'ignore; mais ce que je sais, c'est que la quête a dépassé l'attente de ces messieurs les curés, et qu'un bon paroissien s'est engagé à envoyer à la colonie six pièces de cidre!

Avant de quitter le village, pour nous conformer au désir de monsieur le curé de Mézières, nous avons rendu visite à monsieur le maire et à sa femme qui avaient été les plus empressés à nous accueillir et à se déclarer nos protecteurs et les amis de notre cher pasteur. A quatre heures et demie du soir, nous remontions en voiture conduites par nos guides du matin. Ceux-ci paraissaient fiers de se retrouver avec nous, tant ils étaient heureux de nous avoir entendu chanter, et d'avoir entendu prêcher notre bon curé.

J'allais clore ici ma lettre; mais toute réflexion faite, je ne crois pas devoir passer sous silence un événement très-intéressant pour les émigrés.

Le lundi 10 novembre nous composions une famille paroissiale de 122 personnes, colonie et orphelinat réunis. Depuis le 11, nous sommes 123. La nouvelle venue est une grosse fille, dont la mère se porte à merveille. Elle a été baptisée par son propre pasteur, et a eu pour parrain et marraine le maître et la maîtresse de la maison où sa mère habite depuis le 15 septembre. Non-seulement le parrain et la marraine ont eu bien soin de cette personne ; mais ils ont donné des bonbons le jour du baptême aux enfants de la colonie, et nos filles en ont eu leur bonne part.

Pauvre petite fille, elle est née en quelque sorte en exil! retrouvera-t-elle son père, quand nous rentrerons dans nos foyers?

Ou bien sera-t-elle orpheline par suite de la mort de ce père enfermé dans Paris? Et cet homme, quelle doit être son inquiétude en pensant à la naissance prochaine ou accomplie de ce petit être? Telles sont les réflexions que m'a suggéré cet incident, l'un des plus curieux sans contredit de notre émigration.

Cette fois ma correspondance a subi un retard de deux jours, et chose qui t'étonnera peut-être, à cause des nombreuses visites que nous recevons. Ces visites sont provoquées, non sans raison, par notre vénéré pasteur. Dans toutes les paroisses où il a prêché, il a invité messieurs les curés et vicaires et tous les habitants à venir voir la double installation de ses émigrés. Et un certain nombre d'ecclésiastiques et de laïques ont répondu à cette invitation, moitié par curiosité moitié par charité, c'est te dire que nos aimables visiteurs ne se présentent pas les mains vides. Depuis le 1er novembre, nous avons reçu les sabots et les chaussons promis par le séminariste de Beaumont-sur-Sarthe. Sa mère ayant une calèche à son usage, il en a profité pour nous présenter deux messieurs, deux frères, qui ont fait pour nous un don en argent à notre vénéré pasteur. Comme tous ceux qui visitent successivement la colonie et l'orphelinat, ces messieurs ont été émerveillés de cette double organisation. Je crois que nous aurons en eux des amis et des bienfaiteurs.

Quoi qu'il en soit, je commence à ressentir ce qu'on appelle vulgairement le mal du pays. Et c'est avec bonheur que j'entendrai retentir le signal du retour dans notre chère paroisse de Billancourt.

Prie pour moi, ma chère Nathalie, afin que je ne me laisse pas aller au découragement.

Mille compliments affectueux de ma part, à mon oncle et à ma tante.

Et reçois, etc.

IRMA L.

ONZIÈME LETTRE

Saint-Jean-d'Assé, 22 novembre.

Ma chère Nathalie,

Quelques jours après notre excursion à Mézières, nous avons profité d'un beau jour pour faire à pied une promenade délicieuse.

Notre vénéré pasteur accompagné de monsieur le vicaire de Saint-Jean a bien voulu nous conduire à travers les prés, chez monsieur le curé de Sainte-Sabine. C'est ce qu'on appelle vulgairement, à Paris, le chemin des écoliers, c'est-à-dire le chemin le plus long, mais sans contredit le plus agréable.

Chaque propriété étant entourée de haies vives et fermée, de distance en distance, par plusieurs traverses en bois superposées, nous avons eu, en plus d'une occasion, besoin de toute notre agilité pour franchir les haies ou escalader les barrières destinées à empêcher les animaux de sortir de leur parc.

A un moment donné, nos filles ont été saisies d'une terreur panique, dont le souvenir les fait encore frémir aujourd'hui. Quelques vaches, au moins six ou huit, paissaient dans un pré qu'il nous fallait traverser.

Quand nos enfants les aperçurent, elles se mirent à pousser des cris aigus comme si ces bêtes allaient se jeter sur elles, et cependant elles étaient au moins à trente mètres de distance. Les vaches effrayées à leur tour, soit en voyant nos vingt-quatre filles habillées de noir et coiffées d'un bonnet blanc, soit en entendant leurs cris, se mirent à prendre une course folle et semblèrent se diriger vers nous.

Alors nos pauvres filles se crurent perdues, et se sauvèrent dans toutes les directions, en redoublant leurs cris, et plus elles criaient, plus elles couraient, plus les vaches, de leur côté, s'effrayaient et couraient. Heureusement, notre vénéré pasteur eut bientôt calmé par son sang-froid et sa parole, la frayeur de nos enfants, et fait fuir, en sens opposé, les vaches étonnées de le voir paraître, tout à coup, une canne à la main. En une minute, enfants et bêtes étaient calmes et rassurées. Mais nous autres, maîtresses, nous avons promis qu'on ne nous reprendrait plus à traverser les prés avec nos filles, et celles-ci, d'autre part, nous ont déclaré qu'elles n'avaient pas envie de se trouver une seconde fois en face des vaches, dans les prés de Saint-Jean, ou ailleurs.

Quelques instants après, nous racontions à monsieur le curé de Sainte-Sabine notre terreur dont nous riions alors. Pour nous remettre de nos émotions, le digne ecclésiastique nous offrit un petit goûter assaisonné d'un cidre exquis.

Après le repas, nous entrâmes dans l'église, où nous fîmes une petite prière, et nous chantâmes un motet en l'honneur du Très-Saint-Sacrement et l'Ave maris Stella.

Par obéissance, j'accompagnais le chant des enfants avec l'harmonium, lorsque l'instituteur de la commune prévenu de notre présence à l'église voulut bien me remplacer et me donner une leçon dont je tâcherai de profiter.

Nous retournâmes à Saint-Jean par la bonne route, en bénissant monsieur le curé de Sainte-Sabine de nous avoir reçues avec une bonne grâce sans égale.

Dimanche dernier 20, nous étions à Neuvillalais, commune située à 12 kilomètres de Saint-Jean. Madame Lal. nous a accompagnées, cette fois, parce qu'elle connaît dans cette localité une personne notable, parente de feu son mari, et qu'elle est en relations amicales avec le respectable curé de la paroisse, vénéré de tous à cause de sa grande charité.

Malheureusement ce bon prêtre commence à ressentir les atteintes d'une paralysie qui fait craindre que ses paroissiens aient la douleur de le perdre prochainement.

Néanmoins il n'a voulu céder à personne le plaisir de nous recevoir chez lui, et il nous a fait lui-même avec une bonté merveilleuse les honneurs de sa table.

Quant à ses paroissiens, ils ont répondu à l'appel de notre pasteur, en versant dans la bourse leur offrande aussi généreuse que le permettaient les circonstances.

Je ne t'ai pas dit que nous avions été en voiture ; à l'aller et au retour, conduites par des habitants de Neuvillalais.

Nos enfants ont chanté l'office matin et soir ; mais elles ont été sur le point de ne pas pouvoir entonner l'introït de la grand'messe, tant elles ont été surprises en entendant chanter, au moment de leur entrée dans l'église, par trois ou quatre hommes du pays, les litanies de la Sainte-Vierge sur un ton et avec une volubilité impossibles à rendre et inconnus certainement partout ailleurs qu'à Neuvillalais. Nous avons regretté de n'avoir pas le temps de leur apprendre notre chant de Billancourt. Sans vanter nos filles, je crois qu'ils l'auraient adopté volontiers, après la première audition.

Si je te communique si franchement cette appréciation, ma chère Nathalie, c'est parce que je sais que tu ne la rediras pas aux chantres de Neuvillalais. Sans quoi je craindrais qu'ils prissent en grippe les orphelines et leur directrice, et qu'ils fussent tentés d'empêcher leurs concitoyens de nous continuer leur sympathique intérêt.

Quoique cette épître soit déjà longue, je ne veux pas la laisser partir sans y joindre, avec la permission de monsieur le curé, copie d'une lettre qu'il a reçue, le 16 de ce mois, de l'instituteur communal de Billancourt.

En la lisant, tu serais surprise sans doute du ton si élevé, si affectueux et si chrétien qui y domine, si je ne te disais tout d'abord que lors de la fondation de la paroisse de Billancourt, notre cher curé avait eu l'avantage de rencontrer ce digne instituteur, et avait, d'accord avec lui doté la nouvelle paroisse d'une école libre de garçons.

Pour cela monsieur le curé avait conclu avec cet instituteur un arrangement en vertu duquel il fournissait un local suffisant pour les élèves et pour lui-même à condition que monsieur l'instituteur prendrait gratuitement un certain nombre d'enfants. D'année en année, le conseil municipal de la commune de Boulogne avait accordé une subvention croissante, à mesure que le nombre des élèves augmentait, jusqu'au jour où il transforma l'école libre en école communale, et nomma directeur de cette école le fondateur de l'école libre.

A l'occasion de ses vacances, coïncidant avec le siège de Paris, monsieur B... s'était rendu dans sa famille, afin de trouver, à la campagne, le repos que réclamait impérieusement sa santé assez gravement atteinte, à la fin de l'année scolaire. C'est en lisant un article de la *Semaine du fidèle*, du Mans, qu'il connût la résidence provisoire de monsieur le curé de Billancourt, et il lui écrivit le premier une lettre suivie d'une prompte réponse et d'une seconde lettre en date du 16 novembre. Voici cette seconde lettre :

« Monsieur le curé,

« Votre aimable lettre m'a fait un très-grand plaisir, je vous en remercie bien sincèrement. C'est surtout pendant une émigration pareille que l'on aime à retrouver l'adresse de ceux qui nous sont chers, et que l'on éprouve une véritable satisfaction en recevant de leurs nouvelles. Les détails que vous avez la bonté de me donner, sur la situation de Billancourt, sont bien tristes, pour nous surtout, qui, à cause de ma maladie, n'avons pu déménager; nous étions loin de prévoir un tel désastre ! . . . .

. . . . Combien de personnes émigrées comme nous, dans ce moment, sont malheureuses par ici, chez des paysans qu'elles ne connaissent pas, avec des vêtements d'été et sans argent.

« Parmi les 122 personnes que vous avez conduites à Saint-Jean-d'Assé, il y en a probablement une partie que je connais, dites-leur, je vous prie, monsieur le curé, que je leur souhaite le bonjour et que je les félicite d'avoir trouvé en vous un véritable ange gardien, pour les conduire et les nourrir.

« Je voudrais pouvoir répondre à l'invitation que vous me faites, de vous aller voir ; mais l'économie avec laquelle nous sommes obligés de vivre, me force à faire le sacrifice du voyage de Saint-Jean-d'Assé, qui m'eût procuré la douce satisfaction, de voir un pasteur que j'aime et une petite colonie qui jouit de toute sa sollicitude. Si vous pouviez venir par ici, je vous recevrais sous un toit de chaume, mais au milieu d'une famille chrétienne.

« J'ai lu ce matin dans la *Semaine du fidèle* la charmante réception qui vous a été faite à Saint-Mars ; au milieu de toutes vos préoccupations et même de vos peines, il se trouve des jours de joie, j'en remercie Dieu.

« Priez pour nous, monsieur le curé, pensez à moi et à ma petite famille au saint-sacrifice, engagez vos émigrées à prier pour nous aussi. Nous nous portons tous bien ; ma femme vous présente son respect et notre petite Marie, que vous daignez bénir, voudrait bien vous voir et vous embrasser.

« Quand finiront nos peines, quand rentrerons-nous pour travailler avec cette ardeur nouvelle, que nous aurons puisée dans l'épreuve, au bien des nouveaux habitants de Billancourt ?

« Daignez agréez, monsieur le curé, etc., etc.

« F. B.

« Saint-Calais-du-Désert, le 16 novembre, 1870. »

Que dis-tu de cette lettre, ma chère Nathalie ? N'est-ce pas qu'elle est belle et consolante pour notre vénéré pasteur ?

Je te laisse sous l'impression de cette lecture, et je te prie de ne pas oublier d'offrir à mon oncle et à ma tante mes compliments les plus affecteux, et reçois etc., etc.

Irma L.

DOUZIÈME LETTRE

Saint-Jean-d'Assé, le 30 novembre 1870.

Ma chère Nathalie,

C'est encore sous l'impression d'une alerte, que nous a causée une attaque dirigée par les allemands sur la ville du Mans, que je t'écris aujourd'hui. Tu as dû apprendre cette nouvelle par les journaux, et je suis certaine qu'elle a excité dans ton cœur une vive inquiétude à notre sujet. Aussi avais-je hâte de te rassurer ainsi que mon oncle et ma tante.

En deux mots, nous sommes encore à Saint-Jean-d'Assé, et nous y sommes tranquilles ; les allemands se sont retirés. Où sont-ils ? je l'ignore ; mais ce que je désire, c'est qu'ils ne reviennent plus jamais de notre côté. Que dis-je ? puissent-ils éprouver échec sur échec et rentrer chez eux avec autant de promptitude qu'ils en ont mis à envahir notre chère France !

Oserai-je te l'avouer ! Depuis les revers de nos armées, il m'est venu plus d'une fois au cœur le regret de ne pas être appelée par la divine providence à remplir le rôle de notre Jeanne d'Arc ! Mais hélas ! Je ne peux que pleurer sur les malheurs de la France et prier pour la cessation de cette guerre funeste.

Voici ce que je suis en mesure de te raconter concernant cette alerte. Ces jours derniers les allemands s'étaient donc approchés de la ville du Mans pour essayer de s'en emparer. Ils avaient mis en déroute un régiment, dont les membres épars se sauvaient avec une terreur folle, annonçant partout sur leur passage l'arrivée imminente de l'armée ennemie.

A Ballon, ils déclarèrent que l'ennemi allait arriver

dans quelques heures. A peine cette nouvelle (qui était fausse) fût-elle répandue dans la petite ville, qu'un certain nombre de femmes ramassèrent leurs objets les plus précieux et quittèrent précipitamment leurs maisons, par l'ordre ou avec le consentement de leurs maris, effrayés qu'étaient ceux-ci par les récits des journaux, mettant sur le compte des soldats allemands toutes les atrocités possibles. Il était environ dix heures du matin quand plusieurs traversèrent Saint-Jean-d'Assé. — Quelques heures après, 20 femmes de cette commune étaient parties pour se soustraire à la vue des Prussiens ; mais ce qu'il y a de merveilleux, c'est que les unes n'allèrent qu'à 6 kilomètres, tandis que d'autres s'enfuirent jusqu'au fond de la Bretagne.

Cependant notre bon pasteur apprit que certaines mères de famille de sa colonie paroissiale s'alarmaient déjà et témoignaient le désir de se retirer ailleurs, et les habitants de Saint-Jean, supposaient déjà qu'il allait partir avec ses 123 émigrés. En effet, sur le premier moment, il songea à conduire tout son monde dans le département de la Mayenne, ou en basse Bretagne, mais bientôt il dut reconnaître qu'il était impossible de quitter Saint-Jean-d'Assé où nous étions installés aussi bien que possible, et où l'on était habitué à notre présence, tandis que dans une autre localité, eu égard aux circonstances, nous n'aurions pas trouvé, même à prix d'argent, ce que nous avions obtenu gratuitement à Saint-Jean ! — Aussi au premier repas qui suivit, il parla dans ce sens à toutes les personnes de la colonie réunies. A partir de ce moment, personne ne songea plus à s'en aller, et l'on se disposa à faire bonne contenance devant l'ennemi, s'il se présentait.

Quant aux habitants de Saint-Jean, monsieur le curé

leur promit de ne pas les quitter, de faire tout ce qui dépendrait de lui pour empêcher les soldats allemands de les maltraiter, et il se mit à la disposition de monsieur le maire pour servir d'otage, dans le cas où ils en exigeraient, à condition qu'il voudrait bien pourvoir aux besoins de ses émigrés. — Heureusement pour nos hôtes et pour nous, nous en avons été quittes pour la peur.

Quelques jours après cette panique, toutes les femmes de Ballon et de Saint-Jean-d'Assé, rentraient chez elles, en promettant bien que, quoi qu'il arrivât, elles ne quitteraient plus leurs demeures.

Mais cette alerte à failli nuire à l'œuvre de notre cher pasteur, c'est à peine s'il osait continuer ses courses dans les environs, tant la population était effrayée! Et puis déjà l'on commence à sentir les funestes conséquences de l'invasion Allemande et de l'investissement de Paris. Les relations commerciales sont interrompues; beaucoup d'habitants, dont les enfants sont sous les drapeaux, font de grands sacrifices pour leur envoyer un peu d'argent; l'année a été mauvaise et le chanvre, qui fait la richesse de cette contrée, n'a donné qu'un produit médiocre; enfin l'on s'attend, d'un jour à l'autre à être visité par l'ennemi et à être rançonné. Aussi, monsieur le curé avouait-il, ces jours derniers à madame Lal. qu'il éprouvait un grand découragement et qu'il aurait presque renoncé à ses prédications et à ses quêtes dominicales, s'il n'avait pas entendu derrière lui cent vingt-trois voix lui crier : « Marche, marche ! sans cela nous allons mourir de faim. » Mais il nous apprend, aujourd'hui même, que plusieurs bons curés lui ont réitéré l'aimable invitation, qu'ils lui avaient faite précédemment, de venir dans leur paroisse.

Cependant nous devions aller le dimanche 27 à Segrie.

L'excellent curé de cette paroisse avait informé notre vénéré pasteur, que plusieurs de ses paroissiens désiraient recevoir chez eux les petites orphelines, et qu'ils se chargeaient de les loger et de les nourrir, les uns pendant trois jours, les autres pendant huit jours.

Je t'avoue, que ce déplacement ne me souriait pas plus qu'à monsieur le curé, mais la nécessité fait loi, et nous nous résignions, mes compagnes et moi, à subir cette nécessité, soit par obéissance, soit par raison. Car enfin, le fardeau de l'émigration devient bien lourd et nous devons contribuer par les plus grands sacrifices à l'alléger au moins en partie. Et puis, si l'exemple des habitants du village en question est suivi par leurs plus proches voisins, il ne restera plus à la charge de notre bon pasteur que les membres de la colonie; mais nous en serons quittes pour notre bonne volonté. Non-seulement nous n'irons pas à Segrie pour y demeurer pendant plusieurs jours, mais, bien plus, nous n'irons pas même y chanter l'office. Et ce pour deux raisons : 1° parce que la course est trop longue pour les jambes de nos filles, et 2° parce que les voitures sont dans l'impossibilité de circuler sur les routes.

Chose étrange et inexplicable pour moi qui ne suis pas stratégiste, les autorités du camp de Conlie avaient donné ordre aux maires des villages situés autour du camp à une distance de vingt kilomètres environ, de couper les routes entièrement au moyen de fossés larges d'un à deux mètres, de sorte que les voitures, et les chevaux ne pouvaient plus circuler que dans les chemins de traverse devenus impraticables par suite de la neige tombée en grande abondance.

Les piétons seuls pouvaient, à la rigueur, mais non sans un danger réel, s'aventurer à longer les bords des fossés, là où l'on en avait laissé l'épaisseur de quelques centimètres.

Plusieurs maires ayant jugé à propos d'aller présenter de vive voix des observations relativement à cette mesure au commandant en chef du camp, et s'étant adressés, en son absence, à l'un de ses subalternes, furent menacés d'être fusillés, s'ils n'obéissaient pas, et l'un d'eux, monsieur le maire de Saint-Jean-d'Assé lui-même, fut jeté en prison, d'où il ne sortit qu'au bout de trois jours (1).

Cependant, disait notre vénéré pasteur, et un grand nombre de personnes sérieuses partageaient son sentiment :

« Si par malheur l'armée française venait à éprouver
« une défaite, un jour ou l'autre, elle serait arrêtée
« dans sa marche par ces obstacles malencontreux, et
« deviendrait facilement prisonnière de l'ennemi. »

Monsieur le curé en fut quitte pour continuer à voyager à pied, et à se passer de notre concours.

Il ne regretta pas sa peine, en ce qui concerne la marche, mais il craignit que notre absence ne nuisît à ses quêtes; et sa crainte n'était pas sans quelque fondement. Car la présence de nos jeunes filles et les réponses quelles faisaient à toutes les questions qu'on leur adressait en particulier, ou en public, prouvaient aux bons habitants de la campagne, naturellement défiants, la véracité de ses affirmations relativement à l'œuvre de l'émigration, et leur bonne tenue et leurs chants accentués à la mode de Paris avaient contribué puissamment au succès de ses sermons.

A son retour de Segrie, le lundi 28, monsieur le curé

(1) Trois semaines après les maires recevaient de l'autorité militaire mieux informée l'ordre de remettre les routes dans leur état primitif.

a bien voulu nous donner quelques détails sur son voyage. Indépendamment du bon accueil qui lui a été fait par monsieur le curé et monsieur le maire, il nous a dit que les paroissiens lui avaient demandé de nos nouvelles, et lui avaient exprimé le vif regret qu'ils éprouvaient de n'avoir pas pu se servir de leurs voitures pour aller nous chercher; que la quête avait été satisfaisante; que monsieur le curé, son frère et son vicaire avaient promis de venir nous rendre visite très prochainement.

Nous avons été privées, cette fois, de notre messe paroissiale, et il en sera ainsi dans l'avenir, chaque fois que monsieur le curé ira prêcher, à cause de l'éloignement des paroisses qui attendent successivement sa visite, pendant les trois dimanches suivants, et de la courte durée du jour en cette saison avancée.

Nous ne manquons pas pour cela d'assister au saint sacrifice de la messe. Le bon curé de Saint-Jean a fait placer, dans la partie de la nef de son église servant de passage, les femmes et les enfants de la colonie et il nous a logées dans la sacristie d'où nous voyons parfaitement l'autel et le célébrant. Aux vêpres, les émigrés occupent les bancs des fidèles qui, demeurant à 4, 5 ou même 6 kilomètres, ne peuvent pas revenir dans l'église, l'après-midi.

Voilà, ma chère Nathalie, tout ce qui peut t'intéresser en fait de nouvelles. De ton côté, ne crains pas de m'apprendre tout ce qui est de nature à m'intéresser moi-même, concernant mon oncle et ma tante, ta propre personne et même concernant l'état des choses à Bordeaux.

Reçois, ma chère Nathalie, etc.

Irma L.

TREIZIÈME LETTRE

Saint-Jean-d'Assé, le 10 décembre 1870.

Ma chère Nathalie,

Autant que je m'en souviens, je te faisais savoir, dans ma lettre du 30 novembre, que Messieurs les curé et vicaire de Segrie avaient promis de venir nous voir. Eh bien, ils n'ont pas tardé à tenir leur promesse. Nous avons reçu leur visite, ces jours derniers, et ils ne sont pas venus les mains vides. Ce qui m'a affligée et consolée tout à la fois, c'est qu'ils ont pensé à notre vénéré pasteur. Ayant remarqué, le dimanche 27 novembre, que sa houppelande était bien vieille et bien légère, pour la saison (tu sais que le froid est très rigoureux depuis quelque temps), ils m'ont remis la somme nécessaire pour lui en acheter une neuve, ouatée, afin de le préserver des injures du temps; mais ils m'ont fait promettre que je ne lui ferais pas connaître la provenance de cette somme. Cette véritable aumône faite à notre pasteur, devenu aussi pauvre que ses plus pauvres paroissiens, m'a affligée, te disais-je parce que je pensais que c'était pour l'orphelinat et pour la colonie qu'il en était réduit à cet état de détresse, et, néanmoins, elle m'a consolée, parce qu'elle m'a prouvé que son œuvre était goûtée et appréciée par les dignes curés qui la connaissaient.

A la première occasion, j'achèterai au Mans une houppelande confectionnée et je la ferai déposer dans la chambre de monsieur le curé, et, conformément au désir de ses confrères, je ne lui dirai pas le nom des donateurs.

Le froid se fait sentir de plus en plus, mais nous

n'en souffrons pas, grâce à Madame Lal* qui nous fait profiter de sa provision de bois, sans en souffrir elle-même, car la bonne dame, je ne me rappelle pas si je te l'ai déjà appris, est toujours et partout avec nous. Elle ne s'est réservé que sa chambre à coucher où elle se retire quelquefois dans la journée, soit pour recevoir ses parents et ses amis de Saint-Jean, soit pour se reposer un peu quand elle est trop fatiguée.

En la voyant présider nos repas, on la prendrait volontiers pour une grand' mère environnée de ses enfants et petits-enfants. D'ailleurs nos petites filles sont bien aimables pour elle; tous les matins en arrivant chez elle, tous les soirs avant de se rendre dans leurs dortoirs respectifs, elles l'embrassent de si bon cœur qu'elle finit par croire qu'elles sont vraiment ses propres filles. Tu me diras peut-être: Mais pendant les récréations, les enfants, qui ne sont pas muettes et qui sont très joueuses et très remuantes, ne font-elles pas trop de bruit, n'agacent-elles pas la bonne madame Lal*, et ne lui font-elles pas regretter la paix dont elle jouissait dans sa solitude, avant votre installation dans son domicile? Détrompe-toi, ma chère Nathalie, Madame Lal* se plaît d'autant plus à voir nos enfants jouer et s'amuser sous ses yeux, qu'elle est affligée d'une infirmité grave qui ne lui permet pas d'entendre le bruit. La pauvre femme est tellement sourde que pour nous faire comprendre, lorsque nous voulons lui parler, il faut littéralement crier comme si nous étions fâchées après elle. (A part cette misère, elle jouit, malgré ses 70 ans, d'une santé remarquable.)

Une seule chose l'impatiente, de temps en temps contre nos enfants, c'est qu'elles ne respectent pas toujours les fleurs de son jardin transformé en cour de récréation, non pas qu'elles se permettent de les cueillir, mais parce qu'en courant les unes après les autres elles les attrapent involontairement. Mais cela dure peu, et je t'assure que si un jour ou l'autre, elle devenait impotente et voulait se retirer dans notre maison quand nous serons de retour à Billancourt, nous l'accueillerions toutes avec joie. C'est, du reste, ce que lui disait, hier même, notre vénéré pasteur, qui serait trop heureux de lui rendre ainsi l'hospitalité qu'elle nous donne si gracieusement.

Pardonne moi, ma chère Nathalie, cette digression, qui s'est produite tout naturellement, à l'occasion du froid.

Ma lettre précédente était déjà si longue que je n'ai pas pu y faire mention de plusieurs faits touchants que tu seras bien aise de connaître.

Le premier fait est une nouvelle marque de la générosité de notre bon pharmacien de Ballon. Ce monsieur était resté huit jours environ, sans répondre à une lettre par laquelle je lui avais demandé plusieurs médicaments pour notre voisine et pour quelques enfants souffreteuses. J'en concluais presque qu'il se lassait de nous fournir gratuitement les médicaments; mais c'était une erreur. Car le 28 novembre, il adressait à monsieur le curé une lettre par laquelle il lui faisait savoir qu'il s'était absenté pour mettre sa femme à l'abri de l'invasion à laquelle on s'attendait à Ballon, au moment de la panique de la fin de novembre. Et non content de nous envoyer les médicaments demandés, il y joignait gracieusement de lui-même, une provision de thé avec ces mots :

« Vous trouverez aussi une petite provision de thé. A Paris, on en a l'habitude et peut-être n'en trouveriez-vous pas à Saint-Jean. Je serai content que vous le goûtiez; il vous fera penser à nous.

« Veuillez agréer mon respect. Tout à vos ordres. »

Il est impossible, n'est-il pas vrai, ma chère Nathalie, de faire la charité d'une manière plus délicate ?

Notre vénéré pasteur vient de recevoir une lettre de Bruxelles, datée du 26 novembre, et contenant une somme de 150 francs, envoyée par une dame, qui a contribué largement, d'accord avec son mari, mort récemment, à l'agrandissement de la chapelle de Billancourt, devenue église paroissiale et à la fondation des œuvres de charité et de la salle d'asile. Cette personne s'était d'abord réfugiée en Angleterre, et après avoir séjourné dans ce pays, avec sa fille, elle a tenu à se rapprocher de la France. Comme tous les membres de la colonie connaissent cette dame, aussi bien que nous, monsieur le curé a lu publiquement sa lettre, afin que personne n'ignorât ses sentiments envers les pauvres femmes et enfants émigrés sous sa conduite. Après cette lecture, nous avons prié pour cette bienfaitrice inattendue, pour sa famille, conformément à son désir et à ses intentions.

Cependant, notre vénéré pasteur a été prêcher et quêter à Fresnay, le 4 décembre, et voici, en abrégé, ce qu'il nous a signalé de plus remarquable sur cette excursion.

Fresnay est une petite ville, chef-lieu de canton, située à 16 kilomètres environ de Saint-Jean-d'Assé. Elle possède un certain nombre de familles pieuses, aisées et généreuses. Notre vénéré pasteur avait été rendre visite à monsieur le doyen, quinze jours auparavant, en compagnie du jeune séminariste de Beaumont et de ses deux amis, et il en avait reçu un accueil favorable et la promesse de recommander son œuvre aux habitants. De plus, il avait trouvé là une dame veuve, nièce d'un de ses meilleurs paroissiens de Billancourt, qui s'était estimée très-heureuse de donner sur lui et sur son orphelinat des renseignements d'autant plus authentiques, qu'elle connaissait et le pasteur et le troupeau depuis plusieurs années.

Dans ces conditions, malgré l'impression de terreur provenant de la mesure prise par l'autorité militaire par rapport aux routes, la quête fut très-fructueuse. Mais ce qui toucha davantage le cœur de notre cher pasteur, ce sont les témoignages d'intérêt et d'affection qui lui furent prodigués par monsieur le curé, et par plusieurs des plus notables habitants de Fresnay. Il a quitté la ville accompagné de leurs vœux pour le succès de son œuvre et de promesses de secours de toute sorte, en argent ou en nature.

Aujourd'hui même nous avons eu une preuve évidente de la sincérité des sentiments des paroissiens de Fresnay. Une jeune personne pieuse, vivant avec sa mère, nous a fait parvenir, par l'intermédiaire d'un de ses parents, commerçant de Beaumont, devenu l'un de nos meilleurs amis, deux paquets contenant des robes, des caracos, des chemises, etc., pour la petite colonie, c'est ainsi qu'elle appelle l'orphelinat. Dans une lettre adressée à monsieur le curé et jointe aux paquets, elle s'exprime ainsi :

« Nous nous recommandons de nouveau et particulièrement aux prières de vos chères petites orphelines, s'il vous plaît ; nous, nous prions aussi pour vous, afin que le bon Dieu continue de protéger votre œuvre si dévouée, et qu'il y mette toutes ses bénédictions, maman se joint à moi, etc. etc. »

Tandis qu'on nous envoie des vêtements pour nos filles, un bordager de la Bazoge, se souvenant des chanteuses de la Toussaint, leur amène une voiture entière de bois, parce que la saison est rude, et parce qu'il ne veut pas que les pauvres petites endurent le froid. Ce qui nous a le plus touché dans le cadeau de cet homme c'est que, nous a-t-on dit, il est loin d'être riche.

Tu le vois, ma chère Nathalie, il y a une providence spéciale pour les émigrés et surtout pour les orphelines de Billancourt ! après cela, comment nous inquiéterions-nous de l'avenir ? Aussi, je t'assure que mes compagnes et moi, nous vivons au jour le jour, sous la protection de la Vierge immaculée dont nous avons célébré solennellement la fête.

Il y a eu, ce jour là, une cérémonie bien touchante. C'était la fête patronale de la paroisse de Billancourt et en même temps la fête de la confrérie de la Sainte Vierge. Toutes les jeunes filles faisant partie de l'émigration et appartenent à la confrérie, ont renouvelé leur consécration à la Sainte Vierge, conformément au règlement, et une aspirante, qui avait terminé son temps d'épreuve, a été admise en qualité d'associée. Dans les circonstances où elle avait lieu, la cérémonie était certainement plus touchante encore qu'à Billancourt. Je n'ai pas besoin d'ajouter que les associées émigrées ont prié de tout leur cœur pour la France, pour la paroisse de Billancourt et surtout pour leurs compagnes de confrérie, dispersées actuellement dans différentes provinces, en demandant à leur bonne mère du ciel d'obtenir pour notre patrie, la paix, et pour les paroissiens de Billancourt un prochain retour dans leur foyers.

Recois, ma chère Nathalie, etc.

IRMA L.

QUATORZIÈME LETTRE

Saint-Jean-d'Assé, le 20 décembre 1878.

Ma chère Nathalie,

Ta réponse a été aussi longue que je pouvais le désirer, et surtout pleine de détails qui m'ont été très-agréables. Je vois que tu es toujours la même envers moi, une bonne cousine, une amie véritable. Merci, quant à moi, je crains de devenir monotone à force de te parler toujours des même choses, je veux dire des quêtes et des prédications faites par notre **vénéré** pasteur pour l'orphelinat et pour la colonie.

C'est que, à part ces faits qui se reproduisent invariablement tous les dimanches, sans interruption, depuis le 9 octobre nous n'avons pas connaissance d'événements remarquables. Car je n'ai rien à t'apprendre concernant les faits militaires et politiques. Tu es au moins aussi bien renseignée que moi sur ces choses-là.

Contente-toi donc, ma chère Nathalie, de ce que je peux te donner. Depuis ma dernière lettre, notre vénéré pasteur a fait deux excursions, l'une à Assé, le 11, l'autre à Vernie, le 18 décembre.

1º Assé (non loin de St-Jean, comme l'indique la similitude de nom), est une commune bien moins importante que Fresnay. Aussi la récolte a-t-elle été moins abondante, mais l'accueil du curé, de son vicaire et de ses paroissiens non moins gracieux pour notre vénéré pasteur. Là, on a vivement regretté de ne pas voir les petites orphelines, mais quelques personnes, ayant des parents à Saint-Jean, se sont engagées à venir nous visiter et à nous faire quelques cadeaux.

2° A Vernie, bonne quête, réception cordiale comme à Assé. Deux familles, plus particulièrement touchées par le discours de notre vénéré pasteur, se sont signalées, par leur charité envers nous. Le chef de l'une de ces familles ne pouvant voyager en voiture à cause de l'état des routes, a franchi, à cheval, les rivières, et en passant par les chemins de traverse, parcouru les dix kilomètres qui séparent Vernie de St-Jean, pour nous apporter vingt kilogrammes de porc frais et un sac de grains de blé et de seigle.

Quelques jours après, le chef de l'autre famille nous présentait cinq oies grasses, avec lesquelles nous avons fait ce qu'on appelle à St-Jean, des rilles et à Tours, des rillettes. Je t'assure que ces oies ont donné beaucoup de profit.

Tu le vois, nous ne manquons de rien. Et encore j'ai oublié de te signaler plusieurs dons remarquables qui nous ont été faits précédemment par les habitants de Saint-Jean et des paroisses voisines. Les uns nous ont apporté du lait, en grande quantité ; d'autres, du beurre ; ceux-ci des vêtements ; ceux-là des voitures de bois ; enfin plusieurs des provisions de légumes.

Nous ne saurons jamais comment remercier toutes ces personnes, sinon en priant de tout notre cœur pour elles. Mais la colonie n'est pas oubliée. Elle a aussi sa large part de cadeaux de toute sorte. Ce qui est merveilleux dans tout cela, c'est que nos hôtes et nos amis ne paraissent pas se lasser de nous venir en aide.

Qu'ils sont bons ! mais que Dieu est bon de nous avoir ménagé l'hospitalité dans ce pays!

Cependant les quêtes hebdomadaires, quoique relativement abondantes, et le travail des femmes et des enfants de la colonie, et même de nos plus grandes filles, travail difficile à se procurer et très-peu payé, ne produisent pas à notre vénéré pasteur des recettes en rapport avec l'énormité des dépenses. Il a donc eu la pensée de composer et de faire publier, dans la *Semaine religieuse* du diocèse du Mans, avec la permission de Monseigneur, de plus en plus bienveillant pour lui, une lettre dans laquelle il raconte l'histoire abrégée de l'émigration et fait appel à la charité des abonnés de cette feuille répandue dans tout le diocèse. Il a bon espoir qu'un certain nombre de personnes seront touchées par la lecture de cette notice, d'autant plus que l'excellent et dévoué rédacteur de la *Semaine du fidèle* a déjà inséré, à deux reprises différentes, le 24 septembre et le 12 novembre, deux articles dans lesquels il a été question des émigrés de Billancourt. Or, ses occupations ne lui permettant pas de copier au net cet opuscule afin de le livrer au compositeur dans un état présentable, il m'a chargée de cette besogne et priée de corriger les épreuves.

Je crois te causer une véritable satisfaction, en profitant de mon office de copiste, pour te donner la primeur de la lettre ou notice en question; en transcrivant, aujourd'hui même, les dernières pages de cet opuscule. Je t'avoue qu'en les écrivant, j'ai versé des larmes d'attendrissement, dont mon papier portera encore l'empreinte, quand tu recevras ma lettre, et je suis persuadée que tu ne les liras pas toi-même à mon oncle et à ma tante, sans éprouver une vive et profonde émotion.

Copie des dernières pages de la lettre adressée par monsieur le curé de Billancourt, à monsieur le Rédacteur de la Semaine du fidèle *du diocèse du Mans.*

. . . .

« Ah ! sans doute il y a, depuis le commencement

de cette guerre funeste, bien des misères à soulager, bien des souffrances à adoucir, et chacun même des plus riches est plus ou moins dans la gêne ; mais c'est maintenant plus que jamais le moment de faire des sacrifices en faveur des victimes de différente sorte des événements présents. S'il y a des souscriptions ouvertes en faveur des soldats blessés, malades ou prisonniers, et des ouvriers sans ouvrage, n'y a-t-il pas lieu de faire aussi la part des émigrés des environs de Paris !

« Pour moi, je ne demande des personnes charitables que la permission de glaner après la moisson faite par les autres œuvres. Mais ce que je demande instamment au nom de Jésus-Christ, notre divin Sauveur, c'est qu'on me procure le moyen de faire vivre les émigrés de Billancourt, et de les prémunir contre la rigueur de la saison, jusqu'au jour bienheureux où finira l'exil auquel nous sommes condamnés depuis si longtemps !

« Et que l'on ne craigne pas de me donner pour eux au delà du strict nécessaire, car j'ai tout lieu de croire qu'à leur retour à Billancourt ils ne trouveront plus rien de ce qu'ils avaient laissé dans leurs maisons, ou même caché dans les caves, en fait de meubles, literie et autres objets. Ils seront peut-être plus malheureux en rentrant chez eux qu'ils le sont aujourd'hui à Saint-Jean-d'Assé.

« En effet, ce que les maraudeurs ont commencé, les canons prussiens ou français l'achèveront peut-être prochainement, soit pour l'attaque, soit pour la défense de Paris !

« C'est avec une douloureuse émotion que je vous

parle ainsi; car, je ne vous l'ai pas encore dit, monsieur le rédacteur, je suis le premier curé et le fondateur de la paroisse de Notre-Dame de Billancourt. J'avais eu la satisfaction de trouver dans tous les habitants de cette localité, sans exception, riches et pauvres, le concours le plus empressé pour créer tout ce qui manquait à l'époque de mon installation, et pour doter Billancourt de toutes les œuvres qui constituent la vie et la prospérité d'une paroisse. Pour vous en donner une idée, je me contenterai de vous parler de ce que nous avions fait pour l'église, pour les écoles, pour les pauvres et les malades.

« Dans l'espace de dix ans au moyen de souscriptions spontanées et de deux loteries successives, mes paroissiens et moi :

« I. Nous avions transformé en une petite église assez vaste pour contenir cinq cents personnes, une chapelle bâtie trente ans auparavant, par les soins d'un homme de bien, dont la mémoire est en bénédiction à Billancourt ;

« II. Nous avions fondé une école libre pour les jeunes garçons de six à douze ans et au delà, et une salle d'asile pour les petits garçons et les petites filles de deux ans et demi à six ans. Cette école et cet asile sont devenus œuvres communales, quelques années après leur fondation, l'autorité municipale ayant consenti à se substituer à moi pour me décharger des dépenses considérables occasionnées par ces établissements ;

« III. Nous avions agrandi une école libre de jeunes filles, destinée d'abord par son fondateur à recevoir quarante enfants pauvres du quartier, de telle sorte qu'elle contenait, à la fin du mois de juillet de cette année, cent soixante filles de six à douze ou treize ans, et nous avions alloué une somme annuelle de 600 francs à une sœur supplémentaire dont l'unique et continuelle occupation était d'apprendre aux jeunes filles tous les travaux à l'aiguille. J'avais payé moi-même pendant quelques années les mois d'école des enfants pauvres, dont le nombre dépassait plus ou moins le chiffre de la fondation, mais dans la suite j'avais obtenu de la commune de Boulogne une subvention croissante d'année en année, et qui, dans les derniers temps, s'appliquait à cent jeunes filles ;

« IV. Nous avions établi une association de charité, ayant pour but de venir en aide de plusieurs manières aux pauvres de la paroisse : 1° l'association distribuait pendant l'hiver aux familles les plus malheureuses des cartes de pain, de viande et de combustible ; 2° elle procurait des vêtements, du linge et de la chaussure aux vieillards et surtout aux enfants pauvres fréquentant l'asile et les écoles de la paroisse ; 3° elle accordait, d'après un règlement qui en déterminait le mode et les conditions, une prime d'encouragement aux familles pauvres pour les aider à payer leur loyer ; 4° elle procurait aux enfants orphelins de la paroisse le bienfait d'une éducation chrétienne, en payant en totalité ou en partie le prix de leur pension dans un orphelinat ;

« V. Indépendamment de ces œuvres, nous avions une société de secours mutuels pour les femmes, comptant déjà six ans d'existence, et rendant chaque année des services inappréciables à celles qui étaient visitées par la maladie. La société garantissait aux femmes qui en faisaient partie, et ce, moyennant une somme de 1 fr. 50 c. par mois : 1° les médicaments pour elles et pour leurs enfants âgés de moins de quinze ans ; 2° les soins et les visites d'un médecin rétribué par la caisse commune ; 3° une indemnité pécuniaire de 1 fr. par jour de maladie, pendant cent jours dans le cours d'une année ; 4° la société payait en outre tous les frais des convois et services funèbres de ses membres décédés.

« Tel est, en peu de mots, monsieur le rédacteur, l'exposé de notre situation paroissiale au 15 août dernier.

« En comparant cette situation si prospère à celle que la lettre de mon vicaire vous a dépeinte, vous comprendrez facilement, et vos lecteurs comprendront comme vous, l'immensité de ma douleur, et ils y compatiront sans doute, en répondant généreusement à l'appel que je leur fais en ce moment en faveur des débris de ma paroisse. Ces débris sont bien faibles et bien pauvres, et néanmoins, je l'espère, ils deviendront dans peu de temps le centre autour duquel se grouperont avec empressement mes anciens paroissiens, aujourd'hui dispersés de tous côtés ; car mon seul désir en ce monde et ma seule ambition comme prêtre, c'est de fonder de nouveau, mais bientôt, s'il plaît à Dieu, la paroisse de Notre-Dame de Billancourt. J'aime à croire que *malgré* la détresse générale que la guerre actuelle causera à la France, notre chère et bien-aimée patrie se relèvera promptement de ses ruines ; elle est le royaume de Marie, ainsi que le disaient nos pères.!

« J'aime à croire que le petit coin de terre de la France que j'ai été chargé par la divine Providence de cultiver en ma qualité de ministre de Jésus-Christ, verra de nouveau refleurir les œuvres diverses que la charité chrétienne y avait établies, parce que cette charité ne peut pas et ne doit pas plus mourir que la France elle-même. Daigne le Seigneur, notre Dieu, mettre un terme aux maux déjà si considérables causés par la guerre à notre cher pays, et ne pas permettre plus longtemps l'effusion du sang chrétien !

« Puissions-nous, nous tous qui avons dû émigrer loin de la capitale et de notre chère paroisse, retrouver ceux qui n'ont pas pu ou qui n'ont pas voulu nous suivre, et qui sont sans doute inquiets sur notre sort, comme nous le sommes nous-mêmes sur leur propre sort ! Puissent les femmes revoir sains et saufs leurs maris, qui concourent actuellement d'une manière active à la défense de Paris !

« Puissent les enfants revoir sains et saufs leurs pères, dignes désormais de l'admiration du monde entier !

« Puissé-je moi-même revoir aussi mon vieux père et ma vieille mère ! et mon frère avec sa femme et ses trois petits enfants, dont l'aîné a sept ans ! et ma sœur avec son mari et ses deux enfants dont le plus jeune a quatorze mois ! et tous les autres membres de ma famille qui, eux aussi, souffrent et combattent pour la patrie en danger !

« Ils me pardonneront sans doute de n'avoir pas été auprès d'eux pendant le siége de Paris (ma présence ne pouvant que leur être agréable, mais ne pouvant pas leur être utile), lorsqu'ils verront que, moi aussi, j'ai rendu service à la France et à l'Eglise de Paris, non pas en tuant l'ennemi (ce qui est en opposition avec mon ministère sacré), mais en préservant d'un bombardement et de la famine qui les menaçaient plusieurs mères de famille et un grand nombre d'enfants appelés, par leur vocation, à réparer les désastres de la patrie en devenant un jour pères ou mères d'une génération nouvelle !

« Pardonnez-moi, monsieur le rédacteur cette digression un peu longue peut-être sur le passé, le présent et l'avenir de Billancourt ; mais il me semble qu'elle ne sera pas, pour vos lecteurs, la partie la moins intéressante de ma lettre, ni la moins propre à provoquer leur sympathie en faveur de mon œuvre. Et recevez l'assurance des sentiments respectueux avec lesquels j'ai l'honneur d'être, monsieur le rédacteur, etc., etc.

« J. G. »

N'ai-je pas raison, ma chère Nathalie, de transcrire, à ton intention, cette conclusion de la notice composée par notre vénéré pasteur ?

Dans quelques jours, je t'enverrai la notice imprimée. Il y aura un exemplaire pour mon oncle et pour ma tante, et un pour toi.

Je les ai reçus de notre vénéré pasteur, à titre de cadeau, en récompense de mon travail de copiste. Quant aux autres exemplaires (24 pour commencer) je te prie de les vendre à Bordeaux, au profit des orphelines et de la colonie de Billancourt. Je compte sur ton zèle et sur la charité des Bordelais.

N'oublie pas d'offrir à mon oncle et à ma tante l'expression de mes sentiments les plus affectueux, et reçois, ma chère Nathalie, etc.

Irma L.

QUINZIÈME LETTRE

Saint-Jean-d'Assé, le 2 janvier 1871.

Ma chère Nathalie,

J'étais bien persuadée qu'en faisant appel à ton cœur, je réussirais à te transformer en une zélatrice ardente de l'œuvre de charité en faveur de l'orphelinat et de la colonie émigrés à Saint-Jean-d'Assé, sous la conduite de leur pasteur.

Monsieur le curé s'unit à moi pour te remercier, ainsi que mon oncle et ma tante, de la bonne volonté avec laquelle vous vous êtes prêtés au placement de sa notice. Si jamais, un jour ou l'autre, il retourne aux eaux de Cauterets, il ne traversera certainement pas Bordeaux, sans aller vous faire une visite de remerciement. En attendant, il vous inscrit, dès aujourd'hui, au nombre des bienfaiteurs de ses émigrés et, à ce titre, vous participerez à son memento de chaque jour au saint sacrifice de la messe et, de plus, tant qu'il vivra, à la messe qu'il s'engage à célébrer le 15 de chaque mois, à l'intention des habitants de Saint-Jean et des environs, et de toutes les personnes qui auront fait du bien aux membres de sa famille paroissiale d'émigrés. Quant à nous, nous prierons pour vous, tous les matins et tous les soirs.

Je vais t'envoyer immédiatement vingt-cinq autres notices. En les présentant à vos parents, amis et connaissances, il faut avoir soin de les avertir des avantages spirituels qui leur reviendront, en retour de leur charité. Les personnes pieuses en seront certainement satisfaites, et peut-être ne se contenteront-elles pas de donner seulement le prix de la notice ? Or, je n'ai pas besoin de te dire que notre cher pasteur recevra volontiers le double, le triple, et même le centuple. Ne crains pas de le dire aux acheteurs; car du moment où il s'agit d'une *bonne œuvre, ils ne t'en voudront pas de leur parler ainsi.*

Si j'ai tardé de quelques jours à t'écrire, cela tient aux courses que j'ai faites au Mans, à cause de l'ouvrage et à cause du jour de l'an.

J'ai dû, tout d'abord, faire des visites de bonne année, avec madame L. et avec notre cher pasteur.

Nos filles ne m'ont pas accompagnée, parce qu'il faisait

trop froid. Nous avons vu monsieur le curé, monsieur le maire, monsieur l'adjoint, l'instituteur, les sœurs de l'école et les principaux bienfaiteurs de l'orphelinat et de la colonie, et après les avoir remerciés de tout ce qu'ils ont fait pour nous, depuis le mois de septembre, nous leur avons offert nos vœux et nos souhaits pour 1871.

Quant aux courses que j'ai faites en ville, l'une avait pour but de reporter de l'ouvrage et d'en chercher ; l'autre de reporter la dernière commande ; car l'on m'a déclaré que l'on ne ferait plus rien au Mans, pour l'armée, les Allemands menaçant de nouveau la ville. A l'aller et au retour, j'ai rencontré beaucoup de soldats français entre Saint-Jean et le Mans. Ces pauvres hommes paraissaient bien fatigués, et à moitié gelés par suite de la rigueur de la saison.

En ville, j'ai rencontré des volontaires faisant l'exercice. Ce que je peux t'assurer, c'est qu'ils avaient bonne façon, et que leurs officiers leur parlaient très convenablement, l'on m'a dit que c'étaient des bretons et de bons chrétiens.

D'ailleurs, il y a tant de troupes en ville, qu'on a dû faire coucher bon nombre de soldats dans plusieurs églises, sur la paille. Pauvres jeunes gens, comme ils doivent souffrir !

La semaine dernière, nous avons eu la visite de la dame venue de Fresnay.

Cette personne zélée a plaidé notre cause auprès de plusieurs de ses amis et connaissances, et elle nous a apporté une petite somme encore assez ronde.

La jeune personne qui nous a envoyé deux paquets de vêtements, il y a 15 jours, avait caché son offrande dans un papier contenant ces quelques lignes :

« Monsieur le curé,

« C'est ce qui reste dans ma pauvre petite bourse. Une dizaine de chapelet pour maman, pour moi et pour une personne chère, dont le salut est peut-être en danger, de la part de vos chères orphelines. »

Maintenant que la notice est imprimée, je vais écrire de la part de monsieur le curé, pour prier ces dames d'en placer un certain nombre d'exemplaires, car il ne peut pas tout faire par lui-même. Il a été à plusieurs reprises, à la ville (au Mans), soit pour l'impression de la notice, soit pour aviser aux moyens les plus prompts de la répandre dans le diocèse.

Le directeur de la *Semaine religieuse*, ayant vu l'étendue de sa lettre, avait engagé notre cher pasteur à la publier séparément, et lui avait promis de la recommander chaleureusement aux lecteurs de son journal. Il faut profiter de ce moment pour frapper un grand coup.

Ces dérangements n'ont pas empêché notre vénéré pasteur d'aller le 25 décembre à Sainte-Sabine, et hier à Vivoin.

Nous étions connues à Sainte-Sabine ; monsieur le curé de Saint-Jean-d'Assé avait témoigné le désir de nous avoir, ce jour là, à tous les offices. Telles sont les raisons pour lesquelles nous n'avons pas accompagné notre vénéré pasteur.

Nous avons appris par lui que les habitants avaient répondu convenablement à son appel, mais qu'ils auraient bien voulu nous posséder, au moins pour l'office de l'après-midi.

C'est hier, 1er janvier 1871, que notre vénéré pasteur a été, seul, à Vivoin (à 11 kilomètres de Saint-

Jean), les réquisitions de chevaux et de voitures faites au profit de l'armée française ne permettant pas aux bons habitants de cette paroisse de venir nous chercher.

Il y a rencontré, entre autres personnes sympathiques à son œuvre, une femme âgée, peu aisée en apparence qui, ayant remarqué que ses souliers étaient très usés et presque hors de service lui a apporté au presbytère, deux paires de chaussures neuves et solides.

Il est revenu de cette station dans une voiture chargée de légumes et d'objets de toute sorte pour l'orphelinat et la colonie.

L'église de Vivoin est très grande et très belle, monsieur le curé de cette paroisse a été assez aimable pour conduire lui-même chez son voisin de Maresché notre vénéré pasteur, afin de lui ménager l'autorisation de prêcher et de quêter dans cette paroisse.

En somme, la journée a été bonne à Vivoin pour l'œuvre de l'émigration.

Quitte à passer, à tes yeux, pour une radoteuse, je ne veux pas terminer cette lettre sans te recommander de nouveau le placement de la notice.

Reçois, ma chère Nathalie, etc.

IRMA L.

SEIZIÈME LETTRE

Saint-Jean-d'Assé, le mercredi, 12 janvier.

Ma chère Nathalie,

Je ne sais si je me trompe, mais il me semble que nous allons être témoins d'événements bien **graves**.

Notre vénéré pasteur vient d'apprendre, par monsieur le maire de St-Jean, que la ville du Mans paraît menacée d'une prochaine attaque. Il a cru devoir nous en prévenir pour nous prémunir contre une frayeur exagérée. A vrai dire, nous ne sommes pas trop épouvantées en ce moment, parce que nous sommes convaincues, maîtresses et enfants, que la divine providence nous protégera contre tout accident fâcheux.

Ce qui nous inquiète davantage, c'est le sort de notre vénéré pasteur. Car s'il lui arrivait quelque malheur, que deviendrions-nous? que deviendrait la colonie? Nous ne pouvons y songer sans frémir. Mais non, il ne lui arrivera aucun mal, parce que le bon Dieu l'a choisi pour être l'instrument de notre conservation pendant ces jours d'épreuves. Mais je commence par où j'aurais dû finir, et j'ai d'autant plus tort, que nous avons tout lieu d'espérer que la seconde attaque contre la ville du Mans sera aussi victorieusement repoussée que la première.

Monsieur le curé comptait beaucoup sur la vente de sa notice pour suppléer à l'insuffisance des quêtes hebdomadaires rendues plus difficiles, et qui deviendront peut-être impossibles, à cause des lourdes charges de la guerre qui pèsent de plus en plus sur les habitants de la campagne. Mais ses prévisions ne se réaliseront peut-être pas? Une de nos plus dévouées bienfaitrices de Fresnay écrivait le 4 janvier :

« Monsieur le curé,

«..... Ce serait mon plus grand désir de vous être agréable et utile, et je voudrais bien vous placer quelques notices. Je vous avoue que cela me semble un peu hasardeux, dans la position où nous nous trouvons.

« Cette semaine, il nous arrive des blessés à Fresnay, et les autorités de la ville font faire une quête à leur intention, cela ne sera peut-être pas la dernière.

« Cependant, je ne voudrais pas pour tout au monde, que vous doutassiez de ma bonne volonté. Je tiens à faire tout ce qu'il sera en mon pouvoir de faire. Envoyez m'en seulement, vingt-cinq, et, sitôt guérie, je tâcherai de les placer. Seulement, je ne prends aucun engagement, et si je ne pouvais pas, je vous les renverrais.

« Une personne, l'autre jour, m'a promis quelque chose, et j'irai lui rappeler sa promesse. Je n'oublierai pas votre œuvre qui possède toutes nos sympathies, et je m'en occuperai de mon mieux..... »

Hier, dimanche 8, notre vénéré pasteur se faisait entendre à Souligné-sous-Ballon, à 12 kilomètres de Saint-Jean. Le vénérable curé de cette localité a été lui-même très-ému de l'heureux résultat de la quête dont il attendait très-peu de chose, à cause de l'inquiétude éprouvée par tous les habitants, par la perspective de l'attaque imminente des Allemands. Il est vrai que la fille d'une excellente veuve, chez qui logaient deux femmes de la colonie, avait fait, si j'ose ainsi parler, l'article en notre faveur.

Monsieur le maire et sa femme ont été d'une amabilité parfaite envers notre vénéré pasteur, et se sont engagés, en lui remettant une offrande importante, à venir visiter prochainement l'installation de l'orphelinat et de la colonie, si toutefois les événements leur permettent de s'absenter. Monsieur l'adjoint, qui est notaire, n'a pas été moins empressé que monsieur le maire à s'intéresser à la position des émigrés.

D'ailleurs, ils avaient sous les yeux, depuis le 1er septembre, le tableau de la misère de deux ou trois familles de Paris, réfugiées à Souligné, et ils étaient à même de comprendre combien était critique la situation d'un pauvre curé ayant à sa charge 123 femmes et enfants.

Lundi, notre cher pasteur revenait au milieu de nous, accompagné par une femme robuste de la colonie, (c'était une des émigrées logées chez la mère de la personne mariée à Souligné, dont je viens de parler) traînant avec peine un petit chariot chargé de provisions diverses, fournies par la charité des habitants de Souligné.

Les deux voyageurs avaient dû s'arrêter un instant, à moitié chemin, chez monsieur le curé de Montbizot, pour se reposer et prendre un peu de nourriture. Là, notre cher pasteur trouva fort à point les bons curés de la Guierche et de Joué-l'Abbé, à qui il demanda la faculté de prêcher dans leurs paroisses, au profit de ses émigrés. Cette permission lui fut accordée de grand cœur par ces Messieurs, à condition toutefois qu'il ne surviendra aucun empêchement provenant d'un succès de l'ennemi (1).

Après avoir reçu nos salutations respectueuses, notre vénéré pasteur nous avoua, non sans un sentiment profond de tristesse, qu'il avait entendu, entre Montbizot et Saint-Jean, une canonnade annonçant le commencement de la lutte pressentie depuis plusieurs jours.

Dans l'après-midi nous avons, nous aussi, entendu le bruit du canon; hier, ce bruit a été plus sourd; aujourd'hui, la canonnade est devenue plus forte. Hélas! il n'y a que trop lieu de craindre que nos pauvres sol-

(1) La prise du Mans empêcha monsieur le curé de Billancourt de prêcher, le 15 janvier à Montbizot, le 22 à Mareschè, dont il a été parlé plus haut, le 29 à la Guierche, le 1ᵉʳ janvier à Joué-l'Abbé, etc.

dats ne soient, encore une fois, vaincus par des ennemis trois ou quatre fois plus nombreux !

Je termine ici cette lettre, ma chère Nathalie, en me demandant si elle te parviendra, et si nous pourrons continuer à correspondre, presque chaque semaine, comme nous le faisons depuis plusieurs mois ?

Quoi qu'il en soit, autant j'éprouve de douleur à la vue des désastres successifs de nos armées, autant j'ai d'espoir que notre vénéré pasteur aura la consolation de voir préservé de tout mal le troupeau dont il a assumé la responsabilité.

Plus que jamais, ma chère Nathalie, prie pour moi et pour ma petite famille adoptive, sans oublier la France et les émigrés de la colonie, et leur pasteur, et nos hôtes si dévoués de Saint-Jean-d'Assé.

Reçois, ma chère Nathalie, etc., etc.

Irma L.

Je te prie d'user de toute ton influence sur mon oncle et sur ma tante, pour leur donner à entendre que je ne cours personnellement aucun danger. Autrement leur affection pour moi leur causerait une inquiétude telle, qu'ils seraient dans le cas d'en tomber malades.

Je compte, pour cela, sur ta fermeté de caractère et sur ton amitié pour moi.

Et puis, qui sait encore si nos sinistres pressentiments se réaliseront ?

Il est bien entendu que si nous ne sommes pas envahis par les Allemands, je reprendrai la plume dans huit jours. Plaise à Dieu qu'il en soit ainsi et que j'aie à te raconter le triomphe que les Français appellent, en ce moment de tous leurs vœux ! Car j'ai entendu dire qu'une bataille heureuse, dans les circonstances présentes, produirait des résultats merveilleux et pourrait amener la levée du siége de Paris! Amen!

DIX-SEPTIÈME LETTRE

Saint-Jean-d'Assé, 1er février 1871.

Ma chère Nathalie,

Enfin je peux, dès aujourd'hui, te donner signe de vie, grâce au rétablissement du service des postes!

Vous avez dû, mon oncle, ma tante et toi, trembler pour moi et pour mes filles, quand vous avez connu la prise du Mans, et l'invasion par les soldats allemands de la partie du département de la Sarthe où se trouve situé Saint-Jean-d'Assé. Eh bien! rassurez-vous, et bénissez avec nous le bon Dieu de la protection toute spéciale qu'il nous a accordée. Nous sommes toutes vivantes et bien portantes; notre vénéré pasteur a eu bien des tracas et des peines; mais il est sain et sauf, et, aucun membre de la colonie n'a souffert notablement.

Quant au détail de tout ce qui nous est arrivé depuis ma dernière lettre, je ne me sens pas capable de te le donner moi-même; mais tu n'y perdras rien pour cela. Voici pourquoi :

Les communications postales étant devenues impossibles par suite de la prise du Mans, monsieur le curé avait pris note, jour par jour, des événements intéressant la paroisse de Saint-Jean-d'Assé, la colonie et l'orphelinat, afin d'en rendre compte, à la première occasion, à un vénérable ecclésiastique de ses amis, avec lequel il avait entretenu une correspondance suivie depuis son arrivée dans la Sarthe. J'ai pensé que, pour vous récompenser, en quelque sorte, mon oncle, ma tante et toi, de l'empressement avec lequel vous avez placé des exemplaires de sa notice, il me permettrait de copier, à votre intention, ce qu'il appelle son journal. Et je ne me suis pas trompée; il m'a déclaré, quand je lui ai fait cette demande, qu'il n'avait rien à refuser aux bienfaiteurs éloignés de ses émigrés, et qu'il vous autorisait volontiers à donner lecture de ma copie à toutes les personnes qui ont déjà répondu à votre appel. Il aime à croire que cette lecture pourra contribuer à les rendre encore plus généreuses pour son œuvre.

Ce récit est précédé de ces quelques mots à l'adresse de son ami :

« Saint-Jean-d'Assé, le 21 janvier 1871.

« Mon cher ami,

« Vous avez compris le silence que j'ai gardé à votre égard depuis le 3 janvier. Les communications étaient impossibles par suite de l'invasion du département de la Sarthe. Mais je n'ai pas manqué pour cela à ma parole. J'avais promis, à cette époque, de vous mettre au courant des vicissitudes de notre séjour à Saint-Jean-d'Assé. Lisez donc ce journal composé à votre intention. Quant à la suite de cette triste histoire je vous l'enverrai plus tard, lorsque je serai installé définitivement à Billancourt.

« Recevez, mon cher ami, etc. »

Vendredi, 13 janvier 1871. C'est aujourd'hui, à midi, que les Allemands ont fait leur entrée dans la ville du Mans !

Pour nous, nous ne pouvions croire à ce malheur, quoiqu'il nous fût attesté par des habitants du pays, revenant en toute hâte chez eux, avec ou sans leurs voitures. Dans le nombre se trouvaient des gens de Saint-Jean et des communes voisines, réquisitionnés avec chevaux et voitures pour suivre l'armée française. Mais, à cette heure, il n'y a plus moyen de se faire illusion. Une partie de l'armée française, poursuivie par les Prussiens, a traversé Saint-Jean pour se rendre au camp de Conlie. Ce camp, dont vous avez certainement entendu beaucoup parler pendant la guerre, est ainsi nommé du chef-lieu de canton sur le territoire duquel il est établi, à douze kilomètres de Saint-Jean-d'Assé. Il a joué un rôle important pour l'organisation de l'armée dite de la Loire et ensuite de l'Ouest. Je ne crois pas utile de vous donner de renseignements sur ce camp, parce qu'il n'a eu d'autre rapport avec l'histoire de notre colonie que celui d'attirer plus particulièrement l'attention des Allemands sur les pays environnants.

Cependant on a célébré à Saint-Jean la fête de l'Adoration perpétuelle. Le vénérable curé de la paroisse m'avait invité à prêcher à la messe et aux vêpres. Je vous avoue que la débâcle de notre armée m'impressionna si fortement que je parlai sans entrain, d'autant plus que j'avais devant moi, contrairement à l'usage, un auditoire peu nombreux et bien inquiet. Les années précédentes, l'église n'était pas assez grande pour contenir la foule des bons habitants qui assistaient, matin et soir, à ces pieux exercices. On eût dit un dimanche ou un jour de grande fête chômée. Mais cette fois, beaucoup de gens avaient été obligés de rester chez eux pour donner leurs soins d'une manière ou de l'autre à nos pauvres soldats, fatigués et affamés pour la plupart. Ceux qui étaient présents ne pouvaient pas s'empêcher de se préoccuper, comme moi-même, de l'arrivée prochaine des Prussiens.

Samedi 14. — A huit heures du matin, un certain nombre de traînards, soldats et conducteurs de voitures réquisitionnées, étaient encore dans le bourg où ils avaient passé la nuit, lorsqu'un éclaireur français à cheval annonça que les Prussiens étaient à leur poursuite. Aussitôt chacun s'efforça de rejoindre le gros du corps d'armée, déjà parti pour se rendre au camp de Conlie. C'est à neuf heures, au moment même où je mangeais la soupe avec ma colonie, au presbytère de Saint-Jean, que j'appris cette nouvelle. Je crus devoir en faire part à mes paroissiennes et à leurs enfants réunis alors au réfectoire, et leur donner à ce sujet quelques avis. Je rassurai d'abord complétement les femmes, en leur déclarant qu'elles n'avaient rien à craindre pour elles-mêmes et pour leurs enfants, car j'avais vu peu de temps auparavant plusieurs lettres écrites par différentes personnes de localités du département précédemment envahies, attestant que les Prussiens n'avaient pas manqué de respect envers les femmes et les enfants.

Je recommandai aux enfants de se tenir enfermés avec leurs mères dans leurs domiciles respectifs, parce qu'il ne serait pas convenable de leur part, en qualité d'enfants de la France, d'aller voir défiler les soldats ennemis. Enfin je les invitai tous à avoir recours à moi en cas de besoin, leur déclarant que je les défendrais au péril de ma vie, s'ils étaient exposés à un danger quelconque.

Quant aux orphelines, je n'avais pas peur que les Allemands leur fissent de mal, mais je craignais qu'il ne prît à quelqu'un d'entre eux la fantaisie de se loger dans l'une ou l'autre des trois maisons où elles sont établies.

Aussi me déterminai-je à me rendre dans celle où les plus grandes, de dix à quinze ans, passaient la journée entière occupées au travail des mains ou appliquées aux devoirs de classe, parce qu'elle se trouvait placée la première sur la route de Saint-Jean à Conlie. J'étais sur le point d'entrer lorsque quatre uhlans, le pistolet au poing, se présentèrent à ma rencontre se dirigeant vers la mairie. S'ils étaient arrivés une demi-heure plus tôt, il y aurait eu un combat dans la rue de Saint-Jean entre l'arrière-garde française et l'avant-garde prussienne !

Ils ne m'adressèrent pas la parole, parce qu'ils eurent bientôt reconnu M. l'adjoint et M. l'instituteur de Saint-Jean. Cependant les pauvres petites orphelines ayant aperçu les uhlans sanglotaient déjà, soit par crainte pour elles-mêmes, soit en pensant que j'allais me trouver en face de ces ennemis de la France, et que peut-être ils me maltraiteraient. Je les calmai de mon mieux et leur affirmai, comme je venais de le faire à la colonie, qu'il ne leur serait fait aucun mal. Et comme la peur peut occasionner quelquefois aux jeunes enfants des attaques de nerfs ou d'autres accidents fâcheux, je pris le parti de leur faire voir de près un soldat prussien qui suivait à pied les uhlans et qui s'était arrêté en face de la porte du jardin. J'invitai ce soldat à entrer dans la maison. Cet homme exprima une certaine satisfaction à la vue des pauvres enfants qui pleuraient encore : il était sans doute père de famille et il se rappelait probablement ses propres enfants qu'il avait quittés par suite des exigences de la guerre. Quoi qu'il en soit, il ne comprit pas un seul mot de ce que je lui dis (il ne savait pas le français), mais il comprit ma pensée, et se retira très-poliment. A partir de ce moment, les petites filles de l'orphelinat n'éprouvèrent plus la moindre appréhension, et elles cessèrent aussitôt de pleurer, mais, toutes jeunes qu'elles étaient, elles prirent part aux douleurs de la patrie dont l'ennemi allait s'installer dans le bourg de Saint-Jean; car j'ai toujours eu à cœur d'inculquer à mes paroissiennes et à tous les enfants le triple amour de Dieu, de la patrie et de la famille. Je me persuade volontiers qu'ils se rappelleront toujours mes enseignements et mes exhortations.

Peu de temps après, cinq cents Mecklembourgeois à pied entraient dans le bourg et exigeaient des habitants le logement et la nourriture.

L'officier qui marchait à leur tête, s'étant arrêté devant une des portes de la maison sur laquelle était écrit en gros caractères le mot *Frauenschule*, d'après le conseil donné aux maisons d'éducation, je dus m'approcher de lui pour savoir ce qu'il désirait, et alors il eut la politesse de m'engager à remplacer cette enseigne par les mots : *Kinder schule,* qui veulent dire : « école d'enfants, » l'autre mot pouvant être interprété en mauvaise part et nous attirer des désagréments. Il poussa même la complaisance, croyant que je ne saurais pas écrire moi-même ces mots d'une manière correcte, jusqu'à les tracer sur mon agenda.

Dimanche 15. — La sainte messe a été célébrée, comme les dimanches ordinaires, par M. le curé et par son vicaire. Et moi qui ne l'avais pas dite, le dimanche, à Saint-Jean, depuis si longtemps, à cause de mes quêtes dominicales, je la célébrai aussi avec un sentiment de tristesse facile à comprendre. Car désormais, c'en était fait de mes excursions ! Plus de sermons de charité, plus de vente de notices, plus de dons de la part des amis les plus dévoués de mon œuvre, faute de communications postales; en un mot, plus de ressources pour assurer l'existence de mes cent vingt-trois émigrés !

Cependant l'église de Saint-Jean, qui était encore parée des décorations champêtres en usage pour rehausser la solennité de l'Adoration perpétuelle, a été convertie en prison, où cent pauvres soldats français, épuisés de fatigue et pris au dépourvu par l'arrivée de l'ennemi, ont passé toute la nuit.

Pauvres jeunes gens, ils ont bien souffert, car la température était très-dure ! Pour ne pas être gelés, ils ont dû, faute de bois que les ennemis ne leur ont pas permis de demander à leurs compatriotes, brûler un certain nombre de chaises ; et pour ne pas être étouffés par la fumée, ils ont été forcés de casser plusieurs carreaux.

Les Mecklembourgeois sont partis, ce matin, à 8 heures précises. La cuisine et les réfectoires de la colonie et les trois maisons de l'orphelinat ont été préservées de toute atteinte. Les chefs se sont contentés d'imposer à la commune une forte réquisition en nature. Les soldats ont été très-convenables, il faut leur rendre cette justice, mais ils nous ont annoncé l'arrivée très-prochaine de cavaliers prussiens qui, disent-ils, seront moins bons qu'eux.....

En effet, à trois heures de l'après-midi, arrivèrent des cavaliers de la Silésie, de cette province qui a donné lieu au mot célèbre d'Andrieux dans son *Meunier de Sans-Souci*.

L'on respecte un moulin, on vole une province.

Ceux-ci montrèrent bientôt qu'on ne nous avait pas trompés sur leur compte. S'il y avait quelque chose à respecter à Saint-Jean, c'étaient certainement le réfectoire des pauvres émigrés de la paroisse de Billancourt et le dortoir des petites orphelines de quatre à huit ans; mais MM. les Prussiens n'eurent rien de plus pressé que de jeter brutalement dans le jardin de M. le curé les tables du réfectoire commun, et dans la rue les lits des petites orphelines, malgré toutes les explications qui leur furent données.

Quoiqu'il m'en coûtât beaucoup de demander une espèce de faveur aux ennemis de mon pays, je tentai une démarche auprès des officiers supérieurs. Ceux-ci me parlèrent très-poliment, mais me déclarèrent qu'il fallait renoncer au réfectoire pour le temps de leur séjour à Saint-Jean-d'Assé. Quant au dortoir, un officier voulut bien intervenir auprès des cavaliers qui avaient tenté d'y placer leurs chevaux (plus raisonnables que leurs maîtres, ces animaux refusèrent d'entrer dans ce local destiné à abriter le sommeil de l'innocence); mais les cavaliers avaient causé un tel désordre qu'il fallait une journée entière pour rétablir les choses dans leur état primitif.

Les maîtresses furent donc forcées de faire coucher les enfants au milieu des pommes, du blé, de l'avoine et des oignons, dans une chambre du premier étage servant habituellement de grenier aux provisions. Je m'empresse d'ajouter que ce changement dans leurs habitudes n'empêcha pas ces petites filles de dormir du plus profond sommeil. Dans l'après-midi de ce jour, nous avions entendu une canonnade vigoureuse et prolongée qui nous indiquait un engagement entre les troupes françaises et les troupes allemandes dans la direction de Conlie.

Je devais aller prêcher le lendemain dans un petit village appelé le *Tronchet*, à 5 kilomètres de Saint-

Jean, à l'occasion de la fête de Saint-Antoine, deuxième patron de la paroisse, fête célébrée cette année le 16 au lieu du 17, par anticipation. Quoique peu considérable, cette paroisse m'aurait certainement donné beaucoup, si ce n'est en argent, du moins en nature, parce que les bons habitants connaissaient et appréciaient mon œuvre. La présence à Saint-Jean des soldats prussiens, qui ne manqueront certainement pas d'y aller faire des réquisitions d'un jour à l'autre, m'empêchera de donner suite à ce projet, comme elle m'a empêché d'aller ce matin à Montbizot.

Revenons maintenant, si vous le voulez, aux cavaliers silésiens. La brutalité que quelques-uns avaient apportée dans le déménagement du dortoir des petites orphelines, d'autres l'avaient apportée dans le déménagement du second réfectoire. Ils avaient jeté çà et là les bancs et les tables, tandis que leurs devanciers s'étaient emparés du premier réfectoire d'une manière convenable, et en s'excusant sur la nécessité.

M. le curé de St-Jean-d'Assé étant obligé de loger et de nourrir des officiers, nos réfectoires furent transformés en écuries pour les chevaux de ces messieurs. Il me fut impossible, bien entendu, d'empêcher cet abus de la force qui mettait mon pauvre monde et moi dans un si grand embarras. Il fallut en subir les conséquences et distribuer aux colons, aux heures précédemment assignées pour les repas, du pain et de la viande cuite d'avance. Les Prussiens furent très-surpris de voir toutes ces femmes et tous ces enfants qui venaient chez le pasteur de la paroisse chercher leur nourriture ; mais ils parurent très-touchés quand ils eurent appris que c'étaient des émigrés des environs de Paris, mis ainsi par leur curé à l'abri du bombardement et de la famine.

Quant aux trois maisons occupées par les petites

orphelines, plusieurs refusaient de croire qu'elles fussent consacrées réellement à des enfants. Ils prétendaient qu'on avait mis sur le devant de ces maisons *Kinder schule*, école d'enfants, dans l'unique but de les empêcher d'y loger, parce qu'il n'était pas possible d'admettre, disaient-ils, qu'un petit pays comme Saint-Jean eût cinq *écoles*. Or, en comptant ces trois maisons et de plus les écoles communales de garçons et de filles de Saint-Jean, cela faisait cinq écoles. On eut bien de la peine à leur faire comprendre, tant ils sont entêtés, que sur ces cinq écoles il y en avait trois destinées provisoirement à de pauvres orphelines émigrées, à cause du siége de Paris.

Mercredi 18. — Ce qui m'a causé le plus d'embarras par suite de cette invasion allemande, c'est le logement de toutes mes familles. En effet, un certain nombre d'entre elles, obligées de quitter les maisons hospitalières où elles avaient un lit assuré depuis leur arrivée à Saint-Jean, afin de faire place aux Prussiens, ne savaient où aller poser leur tête. Pris au dépourvu, j'engageai chacun à se loger comme il le pourrait, jusqu'à ce que l'on fût délivré des Prussiens. Ceux-ci étaient venus dans ce pays et dans les environs pour deux motifs : 1° pour se reposer de leurs fatigues ; 2° pour prendre tout ce qui s'y trouverait à leur convenance. Ils se sont acquittés à merveille de cette seconde mission.

Quelques personnes semblent tomber des nues quand elles entendent parler des réquisitions prussiennes ; elles prétendent que les villageois auraient dû résister et refuser. Il faut convenir que ces personnes ne connaissent rien au système prussien, en ce qui concerne les réquisitions. Quelle résistance voulez-vous que de bons paysans, sans armes, opposent à un régiment de cavaliers ou de fantassins soutenus par quatre pièces d'artillerie et commandés par un général, présidant lui-même sans en avoir l'air au pillage militaire? Pauvre innocent que je suis, je m'étais imaginé que les lois de la guerre entre peuples civilisés défendaient aussi bien que la loi de Dieu de voler les gens inoffensifs. J'avais entendu dire que les Français avaient toujours payé exactement tout ce qu'ils demandaient sous forme de réquisition, du moins dans les guerres de Crimée et d'Italie. Mais MM. les Prussiens n'entendent pas de cette oreille-là. Ils réquisitionnent et ne payent pas. Vous en conclurez, comme moi, que la guerre, même au dix-neuvième siècle, ressemble beaucoup à la guerre des sauvages, quoi qu'on dise de notre prétendue civilisation moderne. Cependant, je dois en convenir, les Allemands à Saint-Jean-d'Assé ont respecté l'honneur et la vie des personnes inoffensives.

En ce qui concerne les femmes, ils ont été en général très-convenables, du moins quand ils n'étaient pas ivres; néanmoins je connais deux ou trois cas où ils ont été plus ou moins malhonnêtes après boire.

Quant aux hommes, ils ne les ont pas trop molestés. Il n'en a pas été de même partout ailleurs. Ainsi, dans certaines communes, ils ont eu recours à la menace, sous toutes les formes, pour obtenir ce qu'ils voulaient d'argent et de vivres. Non loin de Saint-Jean, ils ont pris un beau jour le curé, le maire et un habitant notable, en déclarant qu'ils ne les relâcheraient pas si l'on ne leur payait pas immédiatement une somme de vingt mille francs.

Jeudi 19. — Enfin la commune de Saint-Jean est débarrassée de ses funestes hôtes. Les pauvres habitants se sentent revivre. Dès que les Prussiens ont eu le dos tourné, ils se sont raconté les uns aux autres les vols de toute espèce commis par les soldats de Guillaume de Prusse, de ce roi qui avait d'abord déclaré ne pas faire la guerre à la France, mais à son gouvernement, et qui, une fois le gouvernement tombé, n'en avait pas moins continué à faire la guerre à la France, violant ainsi toutes les lois divines et humaines avec une hypocrisie sans pareille dans l'histoire du monde. Et chacun s'écriait : « Ah ! si du moins il n'en revenait pas d'autres, nous ferions avec « résignation le sacrifice de tout ce qu'ils nous ont « pris ! »

Les gens de Billancourt n'ayant rien en propre que leurs vêtements, et occupant personnellement leurs chambres garnies, en fait de meubles, d'un nombre plus ou moins considérable d'enfants, n'ont pas été victimes de la rapacité de l'ennemi. La cuisine commune a perdu peu de chose, parce que plusieurs femmes de la colonie avaient pris le parti d'y coucher avec leurs jeunes garçons, afin de la défendre contre les prétentions plus ou moins gloutonnes des soldats attachés à la personne des chefs logés chez M. le curé de Saint-Jean. Sans cette précaution, les susdits soldats auraient été dans le cas de consommer sur place, ou d'emporter avec eux toutes les provisions faites d'avance, en fait de lard, pommes et légumes. En quittant Saint-Jean, ces misérables vont ravager tous les villages où j'ai été reçu avec tant d'empressement et de charité. Et là aussi, sans doute, ils vont pressurer et rançonner sans pitié les pauvres habitants. Je suis, vous le pensez bien, très-affligé de toutes ces choses, mais il n'y a pas lieu de songer à les empêcher d'agir ainsi. Ils ont reçu l'ordre formel de ruiner toute la France, et mon intervention serait plus nuisible qu'utile à ces braves gens.

Ne voyant plus aucune sécurité pour nous au presbytère, exposés comme nous l'étions à être envahis d'un jour à l'autre par les troupes qui traverseraient certainement Saint-Jean de temps en temps, ou qui s'y établiraient à poste fixe je songeai à pourvoir d'une autre manière à la nourriture de tous mes gens, et au logement de ceux qui pourraient être expulsés d'un jour à l'autre de chez leurs hôtes. En conséquence, vers dix heures, après le départ des Silésiens, j'ai fait savoir à ma colonie, réunie pour la dernière fois au presbytère, qu'à partir de demain, chaque famille se nourrira comme elle l'entendra, au moyen d'une somme de cinquante centimes allouée par jour et par personne, et payée d'avance pour dix jours. Cette mesure a été accueillie avec satisfaction. J'ai fait immédiatement la première paye et un partage aussi égal que possible des provisions de toute sorte.

Vendredi 20. — J'ai profité du moment de répit que me donnait le départ des Prussiens pour tenter un voyage au Mans. Je me proposais d'aller jusqu'à Paris, et de recourir pour cela à tous les moyens possibles. Les chefs de l'armée ennemie, logés à Saint-Jean, avaient parlé du bombardement de Paris dont nous n'avions plus de nouvelles par les journaux français, le service de la poste étant interrompu depuis le 12. Les soldats disaient aussi bien haut, dans leur langage singulier : « Paris, capout ; » ce qui ne signifie pas, comme beaucoup de braves gens l'ont cru : nous serons tués à Paris, mais Paris sera tué.

Je ne pouvais croire à un tel malheur. Les journaux uniquement renseignés par le gouvernement de Tours, devenu gouvernement de Bordeaux, avaient tant de fois répété que nos pointeurs détruisaient les batteries allemandes à mesure qu'elles étaient démasquées, que nous ne pouvions croire les Prussiens quand ils nous parlaient du bombardement. Nous ne les croyions pas davantage, quand ils nous assuraient que la famine menaçait cette capitale approvisionnée de farine et de vin pour six mois encore, au dire des journaux. En tout cas, je pensais en moi-même que si les choses étaient telles que les Prussiens nous les disaient, il y avait lieu d'en conclure que la province était mal renseignée sur le sort de la capitale, et que probablement la capitale était mal renseignée sur le sort de la province. J'en conclus que j'agirais en bon Français, en allant à Paris faire connaître la vérité à mes concitoyens. D'ailleurs j'avais une raison qui me paraissait très-forte pour obtenir un laisser-passer des autorités militaires allemandes : j'avais besoin d'argent pour ma colonie, je ne pouvais plus en trouver au Mans ; il s'agissait d'une œuvre de charité d'un genre spécial, je m'imaginais que les généraux en chef en seraient touchés. — J'aurais emmené avec moi une personne de la colonie, qui aurait porté à Saint-Jean la somme nécessaire pour subvenir aux besoins de mon monde jusqu'au 1er avril, et je serais resté personnellement à Paris, jusqu'au moment où un armistice m'aurait permis d'aller chercher mes émigrés pour les ramener dans leurs foyers. Tel était mon projet.

Hélas ! j'avais compté sans la rigueur du blocus de Paris. Monseigneur l'évêque du Mans que j'allai voir tout d'abord, et à qui je communiquai ma pensée, l'approuva en principe, mais m'assura qu'il serait probablement impossible de l'exécuter. Et comme je fis observer au vénérable prélat qu'il pourrait peut-être me faire obtenir un laisser-passer pour Paris par l'intermédiaire du général logé dans le palais épiscopal, il me donna à entendre qu'il n'y avait pas lieu de compter sur l'obligeance de ces messieurs, parce qu'ils avaient coutume, lorsqu'on leur demandait un service, de répondre que cela ne les regardait pas. Sa Grandeur me conseilla donc d'écrire directement au prince Frédéric-Charles, résidant alors au Mans. Je suivis ce conseil; je fis porter ma lettre à la préfecture où le prince s'était installé, et le lendemain, conformément aux renseignements donnés par des employés subalternes, j'allai chercher moi-même la réponse dans les bureaux. Personne ne put me la donner; on promit de l'envoyer à Saint-Jean. Je n'ai pas besoin de vous dire combien je fus désolé de ne pas pouvoir aller à Paris, car, depuis longtemps déjà, j'avais ce qu'on appelle vulgairement le mal du pays, et de plus, je me demandais avec effroi comment je me procurerais un peu d'argent si notre exil se prolongeait encore un mois. Monseigneur l'évêque du Mans, qui avait prévu l'insuccès de mes démarches, m'avait consolé d'avance et avait ranimé mon courage, en me faisant observer que la divine Providence m'ayant assisté jusqu'à ce moment d'une manière merveilleuse, je devais espérer contre toute espérance. Le prélat ajouta qu'il n'y avait peut-être pas lieu de regretter l'avortement de mon projet de voyage, ma présence étant indispensable à ma colonie. C'est de sa bouche que j'appris d'une manière certaine que le bombardement de Paris avait lieu et que la famine se faisait sentir sérieusement.

Samedi 21. — Après ma messe, j'ai rendu compte à mes émigrés de l'inutilité de mes démarches et de la situation précaire de la capitale.

En apprenant ce qui se passait à Paris, les mères de famille et les enfants capables de me comprendre remercièrent de tout leur cœur le bon Dieu de les avoir préservés du bombardement et de la famine, et nous unîmes tous nos prières pour conjurer le Seigneur d'épargner nos concitoyens, et surtout les habitants de Billancourt et les membres de notre famille renfermés dans les murs de Paris. Nous n'osions plus demander la victoire; car l'armée de l'Ouest, destinée à aller au secours de la capitale, était refoulée jusqu'à une dizaine de lieues du Mans! Je dois ajouter que mes paroissiens furent très-satisfaits de voir que je n'avais pas obtenu la permission de faire le voyage de Paris; ils avaient trop peur qu'il m'arrivât un accident en route ou que je ne revinsse plus à Saint-Jean.

Dimanche 22 janvier. — Les habitants de Saint-Jean s'étaient vainement bercés de l'espoir de ne plus avoir à loger et à nourrir les soldats de l'armée allemande. Aujourd'hui ils ont été obligés d'en recevoir un bien plus grand nombre et de bien plus exigeants que les deux fois précédentes. Je ne saurais vous dire à quelle partie de l'Allemagne ils appartenaient, mais je vous assure qu'ils ont fait beaucoup de mal dans le pays. Aucun de mes paroissiens n'a eu à se plaindre d'eux; j'ai eu seul l'occasion de rompre une lance avec un officier au moment de leur arrivée.

Je me trouvais au presbytère lorsqu'on annonça la triste nouvelle dans le bourg, et tranquille du côté des femmes et des enfants de la paroisse qui n'avaient pas besoin de mon assistance par suite de la nouvelle organisation, je me dirigeai promptement du côté de la maison de madame L..., la mère adoptive des petites orphelines. Je n'avais pas à m'inquiéter des deux autres maisons, parce que dans l'une étaient réunies les plus jeunes enfants de quatre à dix ans, et dans l'autre, au rez-de-chaussée, j'avais établi une mère de famille avec ses six enfants dans la pièce servant précédemment de dortoir à ces petites. Celles-ci couchaient définitivement au premier étage. Par cet arrangement je préservais cette maison de l'obligation de loger désormais les Allemands. Au moment où j'arrivais, trois jeunes soldats en sortaient. Au lieu de se retirer en voyant ces jeunes enfants installées dans la petite salle à manger qui leur servait successivement de réfectoire, de classe et d'ouvroir, au lieu de se rendre aux observations de la directrice de l'orphelinat, ils avaient eu l'effronterie de traverser cette salle et d'aller jusqu'à une pièce servant de parloir et de pharmacie pendant le jour et de chambre à coucher pendant la nuit, et trouvant cette pièce à leur convenance, ils avaient déclaré qu'elle servirait à un officier. Dès que je fus informé de cette prétention inconvenante, je me mis à la recherche de ces individus que l'on me dit être dans le voisinage. J'espérais leur faire entendre raison par l'entremise d'une mère de famille de ma paroisse, Alsacienne de Haguenau, sachant parfaitement parler l'allemand. Celle-ci eut beau leur expliquer qui j'étais, ce que j'avais fait pour mes paroissiens, comment les petites orphelines étaient logées gratuitement dans la maison, etc., ils ne voulurent pas entendre raison, traitèrent cette femme de menteuse et déclarèrent que la chambre en question était bonne pour un officier qui ne tarderait pas à venir. Ces grossiers personnages ne savaient pas à qui ils avaient affaire. Je pris résolûment le parti de m'opposer à l'installation de l'officier dans la maison, et pour cela j'attendis patiemment son arrivée. Vers 4 heures et demie (il commençait déjà à faire nuit et je supposais que les trois soldats avaient réfléchi à l'inconvenance de leur conduite et trouvé un autre logement pour leur officier), celui-ci se présenta accompagné d'un soldat. Aussitôt j'allai à sa rencontre, je lui dis que cette maison était occupée par de jeunes filles orphelines des environs de

Paris, émigrées à cause du siége, avec une centaine de personnes de ma paroisse, femmes et enfants, et je le priai d'aller chercher un gîte ailleurs. Alors s'établit entre lui et moi le dialogue suivant:

L'officier: Je suis fatigué, j'ai faim, l'on m'a assigné une chambre dans cette maison. Je regrette que ma présence soit désagréable, mais j'ai besoin de me reposer et de manger. Par conséquent je demande ma chambre.

Moi: Monsieur, il n'est pas convenable que vous logiez ici. Pour vous en convaincre, vous n'avez qu'à venir voir la chambre réclamée par vous. Pour y entrer et pour en sortir, vous seriez obligé de traverser sans cesse la pièce occupée par ces jeunes filles et celle où sont déposés leurs vêtements et leur linge. Vous devez comprendre que cela serait déplacé.

L'officier: Mais l'on m'a dit qu'il y avait eu précédemment des officiers logés dans cette maison?

Moi: Ceux qui vous ont parlé ainsi sont des menteurs, quels qu'ils soient. Si je ne me trompe ce sont trois jeunes soldats malhonnêtes qui vous ont dit cela. Quand ils se sont présentés ici, ils ont bousculé la directrice de l'orphelinat et se sont moqués d'elle.

L'officier: Oh! non, ils n'ont pas été malhonnêtes; ils n'ont pas compris ce qu'on leur disait.

Moi: Pardonnez-moi, ils ont très-bien compris ce qu'ils faisaient et ce qu'on leur disait. Car une Alsacienne de naissance, émigrée avec ses enfants et faisant partie de ma paroisse, leur a parlé en allemand, mais ils ne l'ont pas crue plus que ceux qui leur avaient parlé en français, et cependant l'un d'eux comprend notre langue suffisamment! En tout cas, je vous affirme formellement que jusqu'à ce jour les officiers de l'armée allemande ont respecté cette maison, qu'aucun d'eux n'y a séjourné, et je ne vois pas pourquoi vous ne feriez pas comme eux. D'ailleurs, si vous voulez vous convaincre que je vous dis la vérité, lisez ces quelques lignes imprimées le 16 décembre 1870, par conséquent, avant qu'on pût soupçonner votre arrivée ici, et vous verrez que ces jeunes filles occupent trois maisons, ou plutôt trois parties de maisons qui ne peuvent pas loger d'officiers. En parlant ainsi, je lui montrai le passage de la notice sur l'émigration paroissiale où il est parlé de l'installation de l'orphelinat.

L'officier : Je ne doute pas, Monsieur, de ce que vous me dites et cela me paraît très-beau. Eh bien, je vais tâcher de trouver un autre logement. Si je réussis, je ne reviendrai pas ; si je ne réussis pas, je serai obligé, à mon grand regret, de revenir.

Moi : Eh bien, Monsieur, allez chercher et je suis persuadé que vous trouverez et vous nous rendrez un grand service. Vingt minutes après cet entretien, qui fut, vous le pensez bien, fort animé de ma part et fort calme de la part de mon interlocuteur, l'officier revenait et m'annonçait qu'il n'avait rien trouvé, que tous les logements étaient pris.

Moi : J'en suis bien fâché, Monsieur, car ce que je vous ai dit tout à l'heure est juste et raisonnable, et je proteste formellement contre votre installation dans cette maison. Vous me paraissez un homme bien élevé, et je ne m'opposerais pas à ce que vous prissiez possession de la chambre en question si vous étiez seul et si l'on établissait une séparation entre cette chambre et les pièces occupées par les petites orphelines, de telle sorte que vous entreriez et sortiriez exclusivement par la porte qui donne sur la rue, mais à deux conditions : la première, que vous feriez votre cuisine à vos frais, la pauvreté de l'orphelinat ne permettant pas de vous nourrir, et la personne chez qui nous logeons étant ruinée par la guerre; la seconde, c'est que le soldat qui vous accompagne ne mettrait pas les pieds dans la cuisine où vont et viennent sans cesse et nécessairement les jeunes filles, et cela parce que plusieurs soldats qui sont venus dans le bourg ont cherché à manquer de respect à des femmes de ma paroisse.

L'officier : Vous n'avez rien à craindre de celui qui est avec moi. Il est marié et père de famille, vous n'avez rien à craindre de lui.

Moi : Je veux bien croire, Monsieur, le bien que vous me dites de cet homme, mais il a des camarades qui demanderont sans cesse après lui et qui trouveront mille prétextes pour traverser les pièces consacrées aux jeunes filles, et vos hommes sont à craindre lorsqu'ils ont bu.

L'officier : Oh! je sais qu'on nous regarde comme des barbares, et que les Français nous appellent les barbares du Nord!

Moi : Je ne vous dis pas, Monsieur, que vous soyez des barbares, mais je me contente de vous dire que tous vos soldats ne sont pas irréprochables et qu'il y en a plusieurs qui, à ma connaissance, ont été très-peu convenables. Voilà pourquoi j'insiste si fortement auprès de vous, afin que vous ne demeuriez pas ici! D'ailleurs, je vous déclare que si vous habitez cette chambre, je renvoie immédiatement les enfants dans une autre maison, où elles seront aussi mal que possible, il est vrai, mais au moins à l'abri de tout désagrément, et l'on va déménager immédiatement d'ici tout ce qui leur appartient.

Cet officier voyant qu'il n'était pas avec moi au bout de ses peines me dit:

L'officier: Eh bien, Monsieur, je vais chercher encore une fois à me loger ailleurs, et si je trouve, je renoncerai à cette chambre puisque cela causerait tant d'embarras!

Moi: Monsieur, vous m'avez dit précédemment que l'on avait déjà logé des officiers dans cette maison. Tenez, je suppose que l'on s'est trompé, et que l'on a voulu vous parler d'une maison qui ressemble à celle-ci et qui en est éloignée de cent mètres au plus ; vous y trouverez sans doute l'hospitalité et nous en serons très-heureux. En tout cas, nous vous remercions de votre complaisance. Et sur ce, j'engageai les enfants présentes à ce dialogue à le remercier. La maison que j'indiquais à cet homme appartenait à des amis intimes de madame L... Je supposais que l'officier serait accueilli volontiers, surtout quand l'on saurait qu'il voulait s'emparer d'une des chambres de la maison occupée par les petites orphelines. Fort heureusement pour nous, M. et madame S... acceptèrent volontiers l'officier et son soldat.

Entre nous, les Allemands ayant un appétit très-développé, brûlant dans un jour autant de bois de chauffage que nous dans quinze jours, buvant avec une avidité dégoûtante du vin et surtout de l'eau-de-vie, j'étais bien aise de me décharger sur des personnes dévouées à notre œuvre et connaissant notre pauvreté du soin de les héberger.

Lundi 23. — Madame S... est venue me voir. Elle m'a dit que l'officier avait été très-convenable, et qu'il lui avait expliqué à sa manière comment je l'avais évincé. Elle ajouta qu'il m'avait trouvé très-vif mais très-bon.

L'on m'avait assuré que ces Allemands baissaient pavillon devant ceux qui leur tenaient tête, tandis qu'au contraire ils écrasaient ceux qui paraissaient craintifs?

J'avais profité de la leçon ; j'étais très-heureux de mon succès.

Que n'ai-je pu rendre le même service à tous les habitants de Saint-Jean, en les débarrassant de ces barbares ! Ils ont quitté la paroisse, mais après eux il y en aura d'autres. Nous ne sommes pas au bout de nos peines !

Samedi 28. — Depuis huit jours, aucun événement important n'a eu lieu à Saint-Jean. Il y a seulement bon nombre de vols commis par les Prussiens, sous le nom de réquisitions. Cinquante bouteilles de vin ont été prises chez M. le curé ; les deux boulangers de la commune ont eu, à deux ou trois reprises différentes, leur farine enlevée au moment où les sacs venaient d'être déposés dans leur magasin par le meunier. Ce sont des uhlans qui ont fait ces beaux coups et d'autres semblables, le pistolet au poing.

Un jour un misérable Prussien, tellement ivre qu'il avait peine à se tenir sur les jambes, est entré dans plusieurs maisons où il a réquisitionné, sans doute pour son propre compte, ici des draps et des couvertures, là des lits de plume, ou du lard, du sucre et de l'eau-de-vie. Les habitants n'osaient ni refuser ce que ce vil coquin réclamait, ni l'assommer, comme il le méritait, parce que ses infâmes compatriotes auraient été capables d'incendier le village après l'avoir pillé, comme ils l'ont fait dans plusieurs endroits.

J'avais envie d'aller trouver les officiers supérieurs pour protester contre ces procédés dignes des Huns ou des Vandales ; mais, à cause de mon monde qui avait si grand besoin de moi, je n'osais pas m'éloigner, dans la crainte soit qu'un régiment prussien vînt à s'installer à Saint-Jean pendant mon absence, soit que ma démarche fût cause d'un redoublement de pillage de la part de ces misérables. Autrement les Prussiens ne s'arrêtent plus en corps à Saint-Jean ; ils se contentent de traverser ce pays pour rejoindre les régiments répandus dans tous nos environs.

Lundi 30 janvier. — Les Prussiens qui ont traversé Saint-Jean dans la journée ont fait courir le bruit de la capitulation de Paris et d'un armistice pendant lequel les Français sont autorisés à constituer une Assemblée nationale, et les Parisiens à se ravitailler.

J'envoie au Mans essayer d'avoir des nouvelles certaines par l'intermédiaire d'un de MM. les ecclésiastiques de la ville. Si le dire des Prussiens se confirme, je partirai immédiatement pour Paris, afin de me rendre compte par moi-même de l'état de ma paroisse. Il faut que je sache au plus tôt, et que je voie si elle n'est pas entièrement démolie, si mon église est debout, et s'il y a moyen d'y faire revenir immédiatement mes cent vingt-trois émigrés. S'il n'y a plus de maisons, je les logerai quand même, pourvu que mon église soit encore close et couverte. Au besoin, je transformerai provisoirement la nef en dortoir pour les mères et pour leurs enfants ; les chapelles qui servent ordinairement aux jeunes garçons et aux jeunes filles le dimanche suffiront pour les placer tous pendant la messe. Pour moi je me logerai volontiers dans une des dépendances de la sacristie, qui sera tout à la fois et ma chambre à coucher et ma salle à manger. Si je trouve seulement, indépendamment de l'église, une maison convenable pour les petites orphelines, je serai hors d'embarras. Nous y établirons une cuisine commune sous forme de fourneau économique, où chacun viendra chercher deux fois par jour sa nourriture, en attendant que les maisons détruites soient rebâties. Il me semble que plusieurs anciens propriétaires s'empresseront de revenir à Billancourt, dès qu'ils sauront que j'ai déjà cent vingt-trois locataires à leur procurer !

Quelle perspective s'offre à moi ! Des ruines, de la misère, et la honte d'une défaite aussi complète que possible de notre cher pays de France ! Ces Allemands nous affirment la capitulation d'une manière si formelle que, malgré moi, je me vois forcé d'y croire. Quelle triste nuit je vais passer ! mais demain, je saurai la vérité !

31 janvier, 7 heures du soir.

La personne que j'ai envoyée au Mans pour avoir des nouvelles me remet à l'instant, de la part d'un ecclésiastique de la ville, le texte même de la capitulation et de l'armistice... Je cours chez M. le curé et chez M. le maire-adjoint pour leur annoncer, dans le cas où ils l'ignoreraient encore, le douloureux événement qui livre la France pieds et poings liés à son cruel ennemi, Guillaume de Prusse, et mon départ pour le lendemain, coûte que coûte.

Ces messieurs, profondément affligés comme moi du résultat effroyable de cette funeste guerre, me souhaitent un bon voyage pour aller et un prompt retour pour venir opérer le rapatriement des exilés dont le séjour devient de plus en plus difficile par suite des exactions prussiennes. Je fais prévenir mes paroissiens de mon absence, qui, selon toute probabilité, sera d'une quinzaine de jours, afin qu'ils ne soient pas inquiets sur mon sort, et je me couche avec plus de calme que la veille, mais non sans m'inquiéter des moyens de transport et de la durée du voyage du Mans à Versailles.

Demain, je partirai à 6 heures du matin ; je n'aurai pas de voiture, parce que les Prussiens ont volé presque tous les chevaux et toutes les voitures et qu'il est trop tard pour m'adresser aux braves gens qui ont pu sauver leur petit équipage de campagne. Mais qu'importe ? J'ai déjà fait plusieurs fois à pied 40 kilomètres dans un jour, alors qu'il s'agissait d'aller à la ville chercher de l'ouvrage ou de l'argent pour mes paroissiens, à plus forte raison suis-je capable d'en faire 20 pour aller préparer leur retour.

N'avais-je pas raison, ma chère Nathalie, de t'affirmer que tu ne perdrais pas au change lorsque je t'annonçais, qu'au lieu de ma prose, tu aurais le plaisir d'entendre parler en quelque sorte notre vénéré pasteur.

Pour nous, nous ne savons pas encore quand et comment nous partirons ; mais nous espérons prendre prochainement la route du Mans à Billancourt ; nous le désirons ardemment, autant si ce n'est plus que les membres de la colonie.

Il me semble que mes parents vont être bien contents quand ils apprendront demain, ou après-demain, que notre bon pasteur s'occupe de notre rapatriement. Je leur écris aujourd'hui même pour leur annoncer cette nouvelle.

J'aime à croire qu'ils ne sont pas morts, quoique parfois j'aie éprouvé à leur sujet des inquiétudes sérieuses, surtout à partir du moment où j'ai entendu parler du bombardement de Paris et de sa reddition pour cause de famine.

Je les prie de me répondre immédiatement afin de me rassurer sur leur compte.

Je termine cette longue missive, en te chargeant de

mes compliments les plus tendres et les plus affectueux pour mon oncle et pour ma tante.

Et reçois, ma chère Nathalie, etc.

Irma L.

DIX-HUITIÈME LETTRE

Saint-Jean-d'Assé, le 5 février 1871.

Ma chère Nathalie,

Oui, je comprends combien grande a été la joie de mon oncle et de ma tante, et combien tu as été heureuse toi-même, lorsque vous avez reçu ma lettre datée du 1er. Elle a été proportionnée à la tristesse et à l'inquiétude que mon silence forcé et la gravité des événements vous avaient causé.

Je n'ai pas encore reçu de lettre de mes parents ; mais je ne m'en inquiète pas parce qu'ils ne sont jamais pressés de répondre, tu en sais quelque chose, et parce que notre vénéré pasteur vient de nous faire savoir par monsieur le curé de Saint-Jean, que tous les parents des émigrés sont vivants et qu'aucun n'a été blessé.

Au reste je vais te donner copie de la lettre très-courte qu'il a adressée, en date du 3 février, à monsieur le curé de Saint-Jean, sous l'impression d'une émotion que comprennent et partagent tous ceux qui ont été à même d'apprécier son affection paternelle pour tous ses paroissiens.

« Billancourt, le 3 février 1871.

« Cher et vénéré monsieur le curé,

« C'est de Billancourt même qu'est daté ce petit mot,

oui, de Billancourt dont je viens de fouler le sol, après plus de quatre mois et demi d'absence, et où, tremblant de l'émotion que me causent la douleur et la joie dont mon cœur est tour à tour pénétré, je me repose un instant.

« Dans deux ou trois jours je vous adresserai le récit complet de mon voyage et le détail de l'emploi de mon temps.

« Qu'il me suffise de vous dire en ce moment que Billancourt est bien abîmé, ma maison habitable, l'Orphelinat intact, et que l'église est debout, en sorte que les paroissiens, à mesure qu'ils rentreront chez eux, pourront y venir prier, comme par le passé, sans s'apercevoir bientôt d'aucun changement.

« Quant aux parents de mes petites orphelines et de leurs maîtresses, et aux maris et aux pères des femmes et des enfants de la colonie, tous sont vivants, et aucun n'a été blessé.

« Impossible de vous écrire plus longuement aujourd'hui ; je suis trop fatigué et surtout trop ému.

« Demain, samedi, ma première visite doit être pour Mgr l'archevêque de Paris et pour M. l'archidiacre de Saint-Denis, à l'archevêché ; la deuxième pour mon père et ma mère dont j'ai eu de bonnes nouvelles et qui ne m'attendent certainement pas encore ; la troisième pour des personnes auprès desquelles je dois m'acquitter de commissions dont m'a chargé Mgr l'évêque du Mans.

Dimanche, cinq février, je célébrerai la sainte messe dans ma petite église ; c'est chose convenue. Recevez cher et vénéré monsieur le curé, l'assurance, etc.

« Soyez assez bon pour donner communication de cette lettre à tout mon monde. »

En entendant la lecture de cette lettre, nous avons

toutes, maîtresses et élèves, versé des larmes de joie et de tristesse, à l'exemple de notre vénéré pasteur. Notre tristesse avait pour objet l'état lamentable de Billancourt, notre joie provenait de ce que la divine providence nous avait conservé nos parents vivants et exempts de blessures, et aussi de ce qu'elle avait assisté et protégé notre bienfaiteur et notre père spirituel pendant ce voyage qui nous paraissait dangereux ou du moins très-difficile.

Aussi avons-nous entonné aussitôt le cantique de la reconnaissance, « Magnificat » et ensuite récité cinq Pater et cinq Ave pour le succès des démarches que notre cher pasteur doit faire pour nous ramener à Billancourt.

Les femmes et les enfants de la colonie ont partagé nos sentiments et participé à nos chants et à nos prières, avec une satisfaction non équivoque.

Mais le temps de l'absence de notre Josué va nous paraître bien long. Nous allons compter les heures et les minutes, tant nous avons hâte de l'entendre nous donner le signal du départ pour rentrer dans notre terre promise !

Dès que nous aurons reçu le récit du voyage de monsieur le curé, je t'en ferai part.

Je te charge de mes compliments les plus affectueux pour mon oncle et ma tante.

Et reçois, ma chère Nathalie, etc.

Irma L.

DIX-NEUVIÈME LETTRE

Saint-Jean-d'Assé, le 11 février 1871.

Ma chère Nathalie,

. . . .

A l'instant même, M. le curé de Saint-Jean-d'Assé vient de nous communiquer le récit du voyage de notre vénéré pasteur, et des démarches qu'il a faites jusqu'à ce jour, pour faciliter notre retour à Billancourt.

Je l'ai prié de me confier pendant vingt-quatre heures seulement ce manuscrit, juste le temps nécessaire pour que je puisse le copier à ton intention et te l'envoyer. Tu le sais, avec moi, chose promise est chose due.

« Billancourt le 9 février 1871.

« Cher et vénéré Monsieur le curé,

« Enfin, je vous envoie le récit de mon voyage, j'espérais être en mesure de vous le faire parvenir plus tôt; mais j'ai tenu à vous faire savoir le jour définitif de mon arrivée à Saint-Jean, et c'est hier seulement que j'ai pu prendre une décision que je crois irrévocable. C'est dimanche prochain (12), que je me propose de quitter Billancourt. Je coucherai à Versailles chez un ami, je prendrai lundi, le train de 7 h. 1/2 du matin; je passerai la nuit au Mans, et mardi, dans l'après-midi, je serai auprès de vous. Alors je préparerai le départ de mes émigrés pour le vendredi 17, de telle sorte que nous puissions franchir le pont de Sèvres, le samedi 18, avant 6 heures du soir. J'espère qu'aucun accident ne m'enpêchera de réaliser ce programme.

J'entends dire que le ravitaillement de Paris s'opère

aussi largement que possible; et puis je crains que votre paroisse ne soit encore inondée de Prussiens et que la présence de mes cent vingt-trois émigrés, ne devienne pour la commune une charge et un embarras au point de vue de l'alimentation. Quant à la sécurité des femmes et des enfants composant mon troupeau, je n'ai aucune inquiétude. Vous m'avez promis de me remplacer et de les protéger comme si vous étiez leur propre pasteur !

Maintenant, cher et vénéré monsieur le curé, je vais vous dire ce que j'ai fait depuis le 1er février. Craignant de ne pas avoir beaucoup de temps libre, lorsque je serais à Billancourt, j'ai écrit, tous les soirs, et jour par jour, à votre intention, le récit de mon voyage.

Le Mans, 1er février (mercredi) 8 h. du soir.

Arrivé au Mans, à midi précis, je me rendis immédiatement chez l'excellent rédacteur de la *Semaine du fidèle*, le vénérable abbé L* qui a bien voulu m'accorder encore une fois sa table et un lit qu'il a déjà mis précédemment, à plusieurs reprises, à ma disposition.. J'ai d'abord pris des renseignements sur les moyens de locomotion en usage pour faire mon voyage. J'ai appris que déjà plusieurs personnes avaient pu partir la veille, et même l'avant-veille, pour Paris, en chemin de fer, dans des wagons destinés ordinairement aux bestiaux et aux marchandises, et, chose singulière, sans payer aucune redevance.

Vous jugez de mon empressement à me procurer un *laisser-passer* à la mairie du Mans, et à courir au chemin de fer m'informer des heures et des conditions du départ. Je pourrai partir demain à 7 heures et demie du matin, et je voyagerai gratis. Il est vrai qu'il n'y aura ni bancs, ni siéges dans mon compartiment, mais j'ai déjà trouvé le moyen de m'asseoir doucement. A défaut de malle dont je n'ai nul besoin, puisque, semblable au colimaçon, je porte sur moi tous mes bagages, je me servirai d'un gros paquet d'exemplaires de la *Notice sur l'émigration* qui me seront d'un grand secours à Paris, j'en suis certain, pour obtenir l'argent nécessaire au payement de mes dettes.

Cependant je ne voulais pas me mettre en route sans faire part de mon absence à monseigneur l'évêque, sans recevoir sa bénédiction et sans me charger de ses commissions pour Paris. Le vénérable prélat m'accueillit favorablement comme à l'ordinaire. Cette fois, ce ne fut ni à sa table, ni dans son cabinet de travail : l'évêché était en feu depuis 9 heures du matin ! Je ne l'ignorais pas ; la flamme et la fumée se voyaient de loin, mais je n'avais pas pu me joindre aussitôt aux habitants de la ville accourus pour combattre l'incendie, à cause des démarches indispensables que j'avais dû faire dans le milieu du jour. J'étais loin de me douter de l'étendue du désastre causé par le feu. C'est donc dans la cour de l'évêché que je parlai à monseigneur, au moment où brûlaient deux bibliothèques précieuses : celle de l'évêché et celle du prélat. A la lueur de l'incendie, monseigneur écrivit au crayon, sur mon agenda, une lettre destinée à une personne de Paris, dont la famille s'est réfugiée dans sa ville épiscopale depuis le mois de septembre, et l'adresse de l'architecte chargé de l'entretien des monuments diocésains, à qui je devais annoncer l'incendie de l'évêché. Les caves voûtées ont résisté aux terribles effets du feu, et un petit pavillon est resté debout. Le reste a été la proie des flammes !

Quels sont les auteurs criminels de ce malheur ? Il est certain que ce sont les Prussiens. Des officiers de la landwher, logés pendant la nuit précédente dans les combles de l'évêché, ont brûlé le parquet de leurs chambres en entretenant un feu exagéré, et quand l'on a vu, le lendemain matin, la flamme s'élever au-dessus du palais, il n'y avait plus qu'à circonscrire les progrès de l'incendie. Cet accident fâcheux, coïncidant avec le départ du général, les habitants de la ville disaient tout haut : « Voilà les adieux du général. »

Quelque temps auparavant, c'était la halle aux farines qui brûlait, et tout le monde s'accordait déjà à rejeter l'incendie sur la méchanceté des Allemands.

Versailles, 2 février, 8 heures du soir.

J'ai eu le bonheur de dire la sainte messe à 6 heures du matin dans l'église de N.-D. de la Couture, dont le digne curé m'a témoigné tant de bon vouloir et de charité. J'y tenais d'autant plus que c'était aujourd'hui la fête de la Chandeleur, fête qui me rappelle un des plus précieux souvenirs de ma première jeunesse, mon entrée dans la Congrégation de la Sainte-Vierge, au petit séminaire de Saint-Nicolas du Chardonnet. J'avais alors treize ans et demi ; je possède encore l'image donnée aux congréganistes le jour de leur réception.

A 7 heures et demie, je présentais à la gare du Mans mon laisser-passer et je montais dans un wagon de marchandises, non sans éprouver une petite déception.

Hier, au moment où je demandais à la gare du Mans des renseignements sur les heures de départ et le prix du voyage, j'avais rencontré deux messieurs très-polis qui voulaient se rendre à Paris. Après avoir échangé quelques paroles, nous nous étions promis de faire route ensemble jusqu'au delà du pont de Sèvres, afin de nous prêter mutuellement secours et asssistance ; le cas échéant, pour traverser plus facilement les lignes prussiennes. L'un de ces messieurs, membre de la Société internationale de secours aux blessés avait rempli pendant la guerre, les fonctions d'inspecteur des ambulances du département de la Sarthe.

L'autre était rédacteur du Journal « *l'Union de la Sarthe* » dans lequel j'avais publié plusieurs articles sous la signature du gérant, mon intention, en les publiant, ayant été de rendre service à l'église et à la France et non pas de me mettre en évidence.

Sa position auprès du rédacteur en chef lui avait donné l'occasion de me voir et de me connaître quelque peu. Malheureusement, dans notre empressement à prendre place dans les wagons, nous n'avons pas pu nous retrouver au moment du départ; mais nous étant vus à Rambouillet, nous nous sommes donné rendez-vous pour le lendemain six heures et demie du matin sur la place d'Armes de Versailles.

J'en ai été quitte pour voyager avec quelques braves femmes de Garche et de Suresne, anxieuses du sort de leurs maris et de l'état de leurs logements et de leurs meubles. Tous les voyageurs étaient tristes; car chacun se rappelait les cinq mois qui venaient de s'écouler et envisageait l'avenir sous un jour peu favorable, mais cette tristesse était tempérée par l'espérance que, si malheureux que l'on fût, on allait sans doute retrouver sains et saufs les membres de sa famille dont on n'avait pas reçu de nouvelles depuis l'investissement de Paris.

Le trajet du Mans à Versailles n'offrit aucun incident extraordinaire. Nous avons seulement remarqué que plusieurs gares avaient été abîmées par les Prussiens, là, où ils avaient eu à lutter contre quelques troupes françaises régulières ou irrégulières ; que les fils télégraphiques avaient été coupés de distance en distance ;

que les toitures de plusieurs maisons, endommagées par des obus ou des boulets, étaient déjà réparées et que les champs étaient ensemencés comme en temps de paix.

Mais pourquoi ne vous raconterai-je pas un fait assez singulier pour être cité ? Au nombre des voyageurs de notre compartiment se trouvaient plusieurs Allemands vêtus de l'habit civil. Etaient-ce des marchands ou des employés d'administration ? Je l'ignore. Ce que je sais, c'est que la conversation établie, dès le moment du départ, entre Français m'avait amené à dire qui j'étais, d'où je venais, et ce que j'allais faire à Paris, et ne pouvant pas, sans me fatiguer beaucoup, satisfaire la curiosité de mes compagnons de route, j'avais remis à ceux-ci un exemplaire de ma notice afin qu'ils en fissent la lecture.

Or un des prussiens présents eut la curiosité de regarder le titre de cette notice et de la lire; après quoi il m'en demanda poliment un exemplaire, affirmant que cette lecture l'avait touché vivement. Une heure après, à la station de Chartres, il me remettait un papier dans lequel il avait enveloppé une pièce de monnaie, et me disait : « Ceci est pour vos pauvres. » Devais-je refuser cette offrande d'un ennemi ? J'hésitai un instant, mais ensuite je me décidai à l'accepter, par cette raison que je pouvais la considérer comme une faible restitution des sommes volées à mes frères les Français par ses rapaces compatriotes. Quand je dépliai l'enveloppe, je trouvai une pièce française de deux francs. Il avait eu la délicatesse de ne pas me donner une pièce allemande.

A cinq heures et demie du soir nous arrivions à Versailles. Les deux messieurs dont je vous ai parlé plus haut, allèrent loger dans un hôtel. Pour moi, je me rendis aussitôt chez l'abbé B*. Cet excellent ami était absent et ne devait rentrer qu'à neuf heures du soir. La présence des Prussiens à Versailles, dès le mois de septembre, avait fait perdre aux religieuses dont il est l'aumônier toutes leurs pensionnaires, en sorte que le pauvre abbé se contentait pour toute rétribution de la nourriture qui lui était fournie par son couvent et du payement de son loyer. Il n'y avait donc rien chez lui, mais j'avais prévu le cas d'un retard du train du chemin de fer, et j'avais un peu de pain et un pot de rilles dont je comptais faire ma nourriture de chaque jour pendant la semaine au moins, jusqu'à ce Paris fût ravitaillé.

Après mon frugal repas, j'attendis mon ami en écrivant mon journal que je terminerai demain soir, pour vous l'envoyez samedi prochain avec l'annonce de mon arrivée à Billancourt.

10 heures du soir. — Je reprends la plume un instant pour vous dire qu'à neuf heures précises mon ami est rentré chez lui. Je ne vous parlerai pas de la joie que nous avons éprouvée en nous revoyant après cinq mois de séparation, et cependant notre joie n'était pas sans mélange. Je lui racontai brièvement les péripéties de mon émigration paroissiale qu'il ignorait complétement. Il me croyait entré à Paris avec tous mes habitants, ou bombardé, ou mort de faim avec eux. Je lui expliquai le but de mon voyage, et le prévins que, dans quelques jours, je reviendrais lui demander l'hospitalité avant de prendre le chemin de fer pour retourner au Mans.

De son côté il me donna des nouvelles de plusieurs personnes de notre connaissance réfugiées à Versailles, et quelques détails sur l'occupation de cette ville par les Prussiens. Après quoi nous nous séparâmes pour nous reposer jusqu'au lendemain. Je me propose de partir dès sept heures du matin, afin d'avoir le temps de visiter tout d'abord mon église, mon presbytère, la mairie de Boulogne, et d'aller dîner et coucher chez mon père et ma mère, après avoir traversé toute la route de Versailles.

Arrivé le premier sur la place, j'attendis mes compagnons de route jusqu'à sept heures. Ils étaient tout bouleversés et inquiets, craignant même de ne pas pouvoir traverser le pont de Sèvres, tant la circulation était, soi-disant, entravée par les exigences prussiennes. Bref, ils résolurent de s'adresser à différentes personnes afin d'obtenir un laisser-passer suffisant pour Paris. Il était trop matin pour se présenter chez qui que ce soit.

Nous attendîmes jusqu'à neuf heures et nous fîmes alors rencontre d'un brave monsieur que je n'ai vu que cette seule fois, mais que je reconnaîtrais entre mille, tant il nous mit la mort dans l'âme. En effet, il nous déclara qu'il était si difficile de traverser le pont de Sèvres que, pour obtenir cette faculté, il allait solliciter une audience du prince royal de Prusse et se porter comme candidat à l'Assemblée nationale. Nous avions si grand désir d'arriver au terme de notre voyage et si grand'peur de ne pas réussir que nous aurions ajouté foi à cet homme aux allures franches et naïves, malgré l'invraisemblance de son assertion, sans l'encouragement à passer outre qui nous fut donné par mon ami, l'abbé B..... Et bravement nous resolûmes de faire cette course à pied, faute de voitures. A midi nous arrivions en face de l'hospice de Sèvres, et je crus prudent de demander des renseignements certains sur la question du laisser-passer à la supérieure des sœurs desservant cette maison. Je pensais qu'elle devait être influente auprès des chefs prussiens, à cause des soins qu'elle avait été appelée à donner aux soldats blessés ou malades et que, par son intervention, toutes les dificultés seraient bientôt levées. Plusieurs de ces messieurs les médecins et administrateurs de l'hospice, la sœur supérieure et M. le vicaire de Sèvres remplissant les fonctions d'aumônier, se trouvaient fort heureusement pour moi réunis en ce moment, et allaient se mettre à table. Ces messieurs me firent un accueil véritablement fraternel qui me causa une profonde émotion, et quand je leur eus dit en quelques mots mes aventures romanesques, et expliqué comment je m'étais arrêté à l'hospice, ils exigèrent que mes compagnons et moi prissions part à leur repas. C'était un retard, il est vrai, mais nous étions fatigués et affamés ; cette halte devait nous reposer et nous donner des forces pour aller plus loin. Aussitôt après le repas, munis des renseignements nécessaires en cas de besoin, nous quittâmes nos hôtes le cœur plein de reconnaissance ; je me promis bien de leur rendre une visite de politesse, dès que je serais complétement installé, et je leur remis à chacun un exemplaire de la notice. Aux avant-postes présents, contrairement à nos craintes, nos laisser-passer furent trouvés bons par les trois sentinelles qui nous les demandèrent successivement. Le pont de Sèvres, dont deux arches avaient été détruites volontairement le 20 septembre 1870, n'était pas praticable ; il n'y avait pas encore de pont de bateaux, aussi traversait-on la Seine en batelet, moyennant cinquante centimes. Certes, j'étais ruiné, j'avais des dettes, mais m'eût-on demandé dix francs, je les aurais donnés de bon cœur pour ne pas ajourner la traversée jusqu'au lendemain. J'apercevais le quai de Billancourt, et j'allais enfin revoir ce pays auquel j'ai déjà consacré dix-neuf ans de ministère sacerdotal, et, je crois pouvoir le dire sans orgueil, dix-neuf ans d'un dévouement complet ! Je vous l'avouerai, en montrant du doigt un groupe d'hommes et de femmes installés sur la rive opposée à celle où nous nous embarquions, et parmi lesquels je m'attendais à rencontrer des paroissiens, je fus pris d'une émotion si forte que je pleurai comme pleure une mère lorsqu'elle retrouve son enfant qu'elle croyait mort sur le champ de bataille. C'étaient des larmes de bonheur, et en mettant pied à terre quelques minutes après je pleurais encore, mais c'étaient des larmes de douleur, Quelques braves gens de Billancourt faisant partie du groupe dont je vous parlais tout à l'heure, m'avaient reconnu et s'empressaient autour de moi ; les hommes m'embrassaient la figure, les femmes me baisaient les mains. Mais moi, c'est à peine si je les reconnaissais, tant ils étaient maigres, décharnés, pâles, et tant ils paraissaient épuisés! Depuis un mois, ils avaient une nourriture insuffisante en quantité et détestable en qualité. Quinze jours de plus de ce régime, et ils seraient morts d'inanition! Au reste déjà le long de notre route nous avions rencontré des personnes qui nous avaient montré le pain de Paris, et qui nous avaient dit que le chiffre de la mortalité s'élevait à cinq mille personnes par semaine. Nous avions peine à le croire, mais à ce moment nous n'en doutions plus à la vue de ces squelettes ambulants.

A peine avais-je fait quelques pas, que je vis aussitôt un échantillon des désastres matériels occasionnés à Billancourt par suite du siége de Paris.

Les deux premières maisons, situées à droite et à gauche du pont de Sèvres, étaient presque entièrement démolies ; une autre habitée précédemment pendant l'été par la famille Cellerier, et qui a servi à diverses reprises de lieu d'attente, aux parlementaires français d'un rang élevé dans l'armée ou dans la diplomatie qui devaient communiquer avec les avants-postes allemands, était brûlée et n'offrait plus à la vue que des décombres; plus loin, au centre de la paroisse, trois maisons avaient été littéralement criblées d'obus et horriblement abîmées; j'appris qu'une trentaine d'autres maisons avaient reçu un ou plusieurs obus, ayant occasionné une destruction partielle des toitures, planchers, portes et fenêtres, etc., etc. Mais, je vous l'ai déjà dit dans ma lettre du 3 février, mon église était debout. Les troncs fracturés, plusieurs carreaux cassés, un coin de mur écorné par un éclat d'obus, tels sont les seuls dégâts à constater; ma maison eût été habitable dès le jour même, si ma literie n'eût pas été déménagée. Quelques carreaux cassés, des portes et des serrures forcées, des boutons de portes volés, deux meubles brisés, des livres déchirés, des cartons de bureau écrasés, etc., etc., voilà le bilan des mes pertes personnelles, sans compter le vin emporté, le charbon et le bois brûlés. Mais, je ne crains pas de le dire, je n'avais nulle envie de me plaindre, puisque je retrouvais les quatre murs, la couverture et les portes et fenêtres, tandis que je supposais n'avoir plus à contempler que des ruines.

L'orphelinat n'a perdu que 22 paillasses et 16 matelas réquisitionnés par la troupe campée à Billancourt pendant le siége de Paris. Cette perte m'embarrasse beaucoup, quoiqu'elle soit la seule subie par cette œuvre, parce qu'il s'agit d'une somme de trois cents francs environ, et je me demande comment je m'y prendrai pour procurer un lit aux petites orphelines quand elles reviendront. Il reste quatorze matelas de laine seulement pour vingt-quatre enfants et pour leurs maîtresses! La Providence y pourvoira sans doute.

Plus tard, je sus que je devais m'estimer trop heureux d'en avoir été quitte pour si peu, car presque toutes les maisons de la paroisse avaient subi, de la part des maraudeurs de toutes sortes, un pillage complet semblable à celui que les Prussiens ont pratiqué dans les villages envahis par eux, ce qui n'est pas peu dire. Aussi plusieurs personnes ne retrouveront-elles plus rien, absolument rien de ce qu'elles ont laissé en rentrant dans Paris, ou en partant pour la province.

Cependant je crus devoir me rendre à la mairie de Boulogne où j'espérais trouver un membre de la municipalité à qui je pourrais annoncer mon arrivée et demander des nouvelles des maris, des femmes et des pères des enfants émigrés avec moi, et faire connaître la situation des habitants dont je m'étais rendu responsable.

Chemin faisant, je rencontrai plusieurs personnes qui s'occupaient déjà des moyens de rentrer dans leur domicile respectif. Elles s'accordaient toutes à louer la détermination prise par moi d'emmener au loin les femmes et les enfants de ma paroisse, et à exprimer le regret d'être entrées dans Paris, où elles avaient souffert d'une manière cruelle la faim, le froid et la peur du bombardement. A la mairie, je ne trouvai qu'un seul employé subalterne qui parut me revoir avec plaisir, mais qui ne put me donner aucun renseignement sur l'époque du retour de MM. les maire et adjoints et de tout le personnel administratif de la commune.

En retournant à Billancourt, j'appris qu'une douzaine de personnes étaient revenues à Billancourt, après six semaines de séjour à Paris, voyant qu'il n'y avait pas de bombardement et supposant en conséquence qu'il n'y en aurait pas dans l'avenir. Une de ces personnes (femme de ma paroisse), venait de mourir le jeudi, 2 février, veille de mon arrivée. Son mari me raconta qu'elle avait été blessée légèrement au sein par une balle de rempart lancée sur elle du parc de Saint-Cloud par un Allemand. Cette femme avait imprudemment tiré un coup de fusil dans la plaine de Billancourt, dans son propre jardin, sur de petits oiseaux qu'elle désirait manger, faute de nourriture. L'Allemand ayant cru qu'elle tirait sur lui, l'avait visée et atteinte du premier coup. Sa blessure ne lui ayant pas paru dangereuse, la pauvre femme ne s'était pas soignée, avait travaillé trop tôt et n'avait eu que trois jours de maladie.

En apprenant cette nouvelle, je fus affligé de n'avoir pas été de retour vingt-quatre heures plus tôt : j'aurais donné moi-même à ma paroissienne les derniers secours que notre religion accorde à ses enfants. J'allai du moins prier un instant auprès de son lit de mort, et bénir les deux enfants qu'elle laisse après elle.

Paris fermant ses portes à six heures du soir, je me décidai à quitter Billancourt, mais, ayant le désir d'y célébrer la sainte messe le lendemain, je me résignai à ne pas me rendre immédiatement chez mes parents, D'ailleurs d'excellents paroissiens, domiciliés à Auteuil-Paris pendant le siége, avaient comme un pressentiment de mon arrivée et m'avaient préparé une chambre et un lit que j'acceptai avec reconnaissance.

La soirée se prolongea : j'avais tant de questions à faire, et tant de questions m'étaient adressées ! Vous pensez bien que l'on parla de ma famille et de mes paroissiens dispersés depuis le milieu du mois de septembre. Plusieurs de ceux qui avaient choisi volontairement Paris pour réfuge y avaient trouvé la mort, soit par maladie soit par accident ; mais ce qu'il y a de remarquable, c'est qu'aucun des maris et des pères de mes émigrés n'a été ni tué ni blessé, et n'est pas mort de maladie. Je m'en vais écrire dès demain à Saint-

Jean pour rassurer ceux de ma colonie qui sont inquiets, et faire prévenir ceux de Paris que je suis de retour pour quelques jours et que j'attends leur visite.

Samedi 4. — Ce matin j'ai célébré la sainte messe à Paris-Auteuil, dans une ambulance établie rue Molière et desservie par des sœurs de la communauté de Sainte-Marie de la rue Carnot, à Paris, comme celles qui dirigent notre écoles de jeunes filles. Ces bonnes sœurs m'ont offert gracieusement le chocolat après mon action de grâces, et m'ont donné des nouvelles des sœurs de Billancourt et de leur maison-mère.

Ensuite, j'ai pris le chemin d'Auteuil à l'archevêché, dans l'espérance de rencontrer quelques-uns de mes anciens paroissiens qui préparaient déjà leur retour pour le moment où ils trouveraient à Billancourt des provisions de bouche. Mon attente n'a pas été trompée, j'en ai rencontré un certain nombre. Tous ont paru bien contents de me revoir et m'ont dit d'un air naturel et sincère : « Ah ! monsieur le curé, puisque vous voilà de retour, nous allons rentrer chez nous le plus tôt possible. » Ces paroles m'ont touché profondément ; elles m'ont prouvé que si j'aimais ma paroisse, mes paroissiens ne me détestaient pas. C'est une grande consolation pour moi, c'est un grand encouragement à me mettre à l'œuvre pour reconstituer la paroisse !

A l'archevêché je n'ai trouvé aucun changement. Le bombardement prussien a respecté la demeure de notre archevêque. Mais il paraît que j'ai bien vieilli ; car mon archidiacre ne me reconnut pas tout d'abord. Je lui eus bientôt raconté l'histoire abrégée de mon émigration, dont l'heureux résultat compense largement les peines qu'elle m'a causées, et je lui déclarai que j'avais l'intention de reprendre immédiatement l'exercice de mes fonctions curiales à Billancourt. Je le quittai aussi satisfait que possible du bon accueil qu'il m'a fait, et sachant que Mgr l'archevêque désirait voir tous les curés de la banlieue, je me présentai devant Sa Grandeur. Monseigneur m'engagea à me consacrer tout entier au rétablissement de ma paroisse, m'adressa quelques questions sur des choses que ma position en dehors du cercle d'investissement de Paris m'avait mis à même de connaître, et me donna affectueusement sa bénédiction pour mes paroissiens et pour moi. Je lui ai demandé la permission de m'absenter du lundi au samedi, dès que j'aurais constaté la possibilité de rapatrier tout mon monde d'émigrés, et il me l'a accordée bien entendu.

Au sortir de l'archevêché, je m'empressai de m'acquitter des commissions dont Mgr l'évêque du Mans avait bien voulu me charger, et je n'eus qu'à bénir la Providence de l'inspiration que j'avais eue d'offrir mes services au prélat. Les deux personnes à qui j'ai communiqué ma mission, non sans leur avoir expliqué comment je pouvais leur donner des nouvelles du Mans, ont été si touchées de mon œuvre qu'elles m'ont aussitôt, l'une promis 50 francs, et l'autre donné séance tenante une somme égale pour mes paroissiens pauvres.

Cependant j'avais hâte de revoir mon vieux père et ma vieille mère, et mes frères et sœurs, et mes neveux et nièces. Ils ne m'attendaient pas ce jour-là, mais ils supposaient que je profiterais de l'armistice pour leur écrire. Je renonce à vous dépeindre leur étonnement et leur joie quand ils m'aperçurent. Je les avais prévenus le 7 septembre 1870 de la probabilité de mon départ et leur avais fait, dès ce jour-là, mes adieux dans la pensée que j'exécuterais mon projet d'émigration. Ils ne m'avaient donc pas vu depuis cinq mois.

Autant j'étais inquiet sur leur sort pendant mon séjour à St-Jean, autant ils étaient inquiets sur le mien, surtout à cause du grand nombre de femmes et d'enfants dont j'avais pris la charge et à cause de la prolongation indéfinie de la guerre. A la vérité, ils m'avaient écrit plusieurs fois par ballons montés, mais il m'avait été impossible de leur répondre. Si quelques personnes de province ont réussi à faire parvenir de leurs nouvelles à Paris par les pigeons, je dois avouer que ce moyen de correspondance ne m'a pas plus réussi qu'à des milliers d'émigrés. Grande fut leur *joie* surtout quand je leur annonçai que j'avais pu remplir ma tâche sans désagréments notables du côté de mon personnel, que je n'avais perdu aucune femme ni aucun enfant, que jamais ces gens n'avaient été ni aussi bien nouris ni aussi bien portants, et qu'ainsi j'avais complétement réalisé mon projet à leur égard, en les préservant du bombardement et de la famine.

J'ai dîné avec mon père et ma mère. Je leur ai dit que j'allais vous écrire prochainement. Ils m'ont chargé de vous offrir leurs compliments respectueux, ainsi qu'aux membres de votre famille qu'ils connaissent. La nourriture n'était, comme celle de la veille, comme celle de tout le monde à Paris, ni bonne ni abondante : mauvais cheval, mauvais pain. Dans celui de mes parents j'ai trouvé un bout de ficelle. Pauvres Parisiens, ils ont bien souffert! Heureux émigrés de Billancourt, ils ne se doutent pas des souffrances endurées par leurs parents et amis ! Ce que les journaux en ont dit depuis quelques jours n'est pas exagéré, je vous l'assure. J'ai quitté mes parents vers 8 heures pour aller coucher à Auteuil, afin d'avoir le temps de balayer moi-même l'église, à défaut de bedeau et de sacristain, et de préparer les vases sacrés, ornements et autres objets servant à la célébration du saint sacrifice.

Dimanche 5 février, 8 heures du soir. — Il y a aujourd'hui un an, nous célébrions à Billancourt, avec la plus grande solennité, la fête de la Chandeleur. C'était une des fêtes de la Confrérie de la Sainte-Vierge, jour de communion générale ; c'était la fête patronale de la Société des mères de famille.

Ce matin, il y avait douze personnes dans mon église ! La Confrérie de la Sainte-Vierge, la Société des mères de famille étaient représentées l'une et l'autre par un ou deux *membres au plus !* Cela me rappelait le jour (dimanche 1ᵉʳ janvier 1860) où j'étais présenté comme curé, par le vicaire d'Auteuil desservant habituellement la chapelle de Billancourt, à douze personnes de la localité présentes à la messe. C'était triste ! Mais je me rappelai que j'avais déjà cent vingt-trois paroissiens à Saint-Jean-d'Assé, que les autres, dispersés provisoirement aux quatre coins de la France, ne tarderaient pas à rentrer chez eux, et que bientôt mon église serait trop petite pour les contenir tous. Je célébrai une messe basse à l'intention des absents et des présents. L'après-midi, j'ai psalmodié les vêpres avec les quelques personnes qui avaient eu la bonne volonté de revenir à l'église, et j'ai donné la bénédiction du très-Saint-Sacrement. Comme il n'y a point de distances pour le Seigneur Jésus, les émigrés de Saint-Jean ont été compris dans cette bénédiction.

A partir de ce jour, je couche au presbytère ; mais je ne suis pas en mesure d'y prendre mes repas. Pour avoir droit à trois cents grammes de mauvais pain et à trente grammes de cheval, il faut une carte spéciale et je n'en ai pas, ni ne peux en avoir. Les nouveaux venus qui arrivent d'émigration sont censés avoir assez mangé en province pour se passer de nourriture pendant une période de huit jours environ, après laquelle chacun sera libre de s'approvisionner comme il le jugera à propos. Fort heureusement mes hôtes du 3 février m'ont offert de partager leur menu et j'ai accepté avec reconnaissance. D'autres paroissiens, à peine installés, m'avaient fait des offres semblables, et l'un d'entre eux me procura tout d'abord un pain de deux kilogrammes mis par lui en réserve, un mois ou six semaines auparavant, en prévision de la famine qu'il entrevoyait déjà. Merci aux uns et aux autres ! Ne soyez donc pas inquiet sur mon compte, mon cher ami, et rassurez les membres de votre famille qui paraissent tant se tourmenter à mon sujet.

J'oubliais de vous marquer que j'ai reçu la visite de quelques maris ou pères qui ont eu connaissance de mon retour. Je les ai priés de prévenir de ma présence ceux qui ont des leurs dans notre colonie. Ils ont paru tous bien contents d'avoir enfin des nouvelles de leurs femmes ou enfants ; mais ils m'ont avoué (ce qui m'a causé une vive satisfaction) qu'ils n'avaient pas eu d'inquiétude sur leur sort. Ils étaient bien convaincus que je ne les aurais pas abandonnés quoi qu'il arrivât ; et ils n'avaient pas supposé un seul instant que je n'aurais pas mené à bonne fin mon entreprise. Néanmoins, ils aspirent après le jour où il leur sera donné de revoir leur famille.

Lundi 6. — Aujourd'hui j'ai pu m'absenter et me rendre au siége provisoire de la mairie de Boulogne, à Paris. J'ai eu le regret de ne trouver ni M. le maire ni MM. les adjoints ; mais j'ai rencontré les employés supérieurs de notre ville qui m'ont revu avec d'autant plus de satisfaction que les uns me croyaient prisonnier, les autres mort, et cela d'après le dire de certains journaux, et que tous, m'assuraient-ils, avaient été bien inquiets sur mon compte, en songeant à la position critique faite à mes émigrés et à moi par la prolongation de la guerre et l'invasion de la Sarthe par les Prussiens. Nous échangeâmes entre nous tous les renseignements que nous avions, eux sur le siége de Paris et moi sur les événements militaires dont la France avait été le théâtre depuis le 13 septembre 1870.

Mercredi 8. Pour être autorisé à retourner à Saint-Jean-d'Assé, j'ai dû avoir recours au commissaire de police de Boulogne-sur-Seine et demander un laisser-passer, qu'il me faudra faire viser, au pont de Sèvres, par les autorités allemandes, le jour de mon départ.

Détail oublié jusqu'ici, mais qui me confirme dans la conviction que j'ai fait une bonne œuvre en emmenant loin de Paris mes pauvres émigrés, et que vous et vos paroissiens et les habitants des communes voisines ont bien mérité de la patrie, en leur donnant l'hospitalité et de l'argent et des vivres ; c'est que, depuis six jours que je suis à Billancourt, j'ai conduit au cimetière plus de 12 personnes, vieillards ou enfants, victimes de la faim, ou de la peur, ou des deux à la fois.

Ce chiffre de décès sur une population ne s'élevant pas actuellement à plus de deux cents individus, revenus dans leur domicile depuis l'armistice, me fait présumer que, le mois prochain, j'aurai la douleur d'enterrer dans un court espace de temps, une partie notable de la population qui a eu la mauvaise idée d'entrer dans Paris, au lieu de fuir en province.

Aujourd'hui, je suis assez renseigné pour répondre aux questions que vous m'avez posées, au moment où je vous faisais mes adieux, le 31 janvier, vous me demandiez alors de vous dire dans quel état je trouverais ma chère paroisse, au point de vue matériel, et de vous donner une idée des souffrances endurées par mes pauvres paroissiens réfugiés à Paris. Voici ce que je sais jusqu'à ce jour.

1° Les désastres matériels de Billancourt sont considérables.

Quatre maisons ont été presque réduites en cendre, trente autres ont été plus ou moins abîmées intérieurement par les obus.

Deux cents familles environ, qui avaient laissé chez elles ou caché dans leurs caves leurs meubles et leurs effets, par suite de la précipitation avec laquelle elles se sont sauvées en province, ou réfugiées à Paris, ne retrouveront plus ni les meubles, ni les vêtements, réduits en poussière par les projectiles ennemis, ou volés par des maraudeurs de toute sorte.

Plusieurs personnes qui avaient, à force d'économie, bâti de petites maisons pour se loger toutes seules ont eu la douleur de voir leur modeste abri presque entièrement démoli, parce que l'on a enlevé les portes, les fenêtres, les parquets et les plafonds pour faire du bois, sans parler de ceux qui ont dépensé tout leur pécule pour ne pas mourir de faim, à Paris!

D'autre part, le manque de travail pendant plusieurs mois consécutifs a occasionné la ruine complète des familles ouvrières de Billancourt.

Les gens aisés autrefois sont presque tous dans la gêne! Quelques-uns ont mis leurs maisons à vendre, ou à louer; les autres ont renoncé à habiter Billancourt, plusieurs qui étaient plus ou moins riches ont eu leurs propriétés tellement abîmées qu'ils vont être obligés de dépenser des sommes considérables pour les remettre en bon état, ou qu'ils renoncent actuellement à faire les réparations nécessaires.

2° Quant aux souffrances endurées par mes pauvres paroissiens, il me suffira, pour vous les faire toucher du doigt, de vous indiquer le menu des Parisiens dans les temps qui ont précédé l'armistice, et le prix exorbitant des denrées de première nécessité.

Et d'abord, la ration de pain a été réduite à 300 grammes pour 0 fr. 10 c.; la ration de viande de cheval à 100 gr. pour 3 jours, au prix de 0 fr. 25 c.

A un moment il n'y a même plus eu de viande de cheval. Cette chétive nourriture a été remplacée pendant quelque temps, par des harengs, ou du chocolat distribués par les bouchers.

Et pour obtenir ces aliments, il fallait faire la queue pendant plusieurs heures consécutives et par un froid glacial!

Après cela, il n'y a plus lieu de s'étonner des maladies et de la mortalité qui ont sévi sur la population.

Vers la fin du siége, le chiffre officiel des décès s'élevait à 5,000 par semaine!

Maintenant voici le prix moyen des objets de consommation pendant le siége :

Viande d'âne et de mulet, 4 et 5 fr. les 500 gr. — Viande de chien, 1 fr. 25. — Souris 10 f. 40 — Rat, 1 f. 50. — Petits oiseaux, 1 fr. — Eléphant, 8 fr. les 500 gr. — Un chat, de 10 à 15 fr. — Un lapin, de 25 à 40 fr. — Canard, 40 fr. — Poule, de 30 à 40 fr. — Oie, de 80 à 100 fr. — Anguilles de Seine, de 20 à 30 fr. — Graisse de cheval, 5 fr. les 500 gr. — Graisse, suif de chandelle, 2 fr. les 500 gr. — Beurre, de 20 à 30 fr. les 500 gr. — Huile à manger, de 5 à 8 fr. les 500 gr. — Le riz, 1 fr. 50 les 500 gr. — Un chou de 5 à 10 fr. Un poireau, de de 25 à 50 centimes. — Pommes de terre, 25 fr. le boisseau. — Carottes, 5 fr. les 500 gr. — Un navet, 30 c. — Feuilles de chou gelées, 1 fr. les 500 gr. — Oignons, de 20 à 60 c., la pièce. — Betteraves (crues), 1 fr. 25 les 500 gr. — Betteraves (cuites), 2 fr. 50. —

Pied de céléri, de 1,50 à 2 fr. 50 — Mâches, 5 fr. les 500 gr. — Demi-botte de barbe de capucin, 2,50 à 3 fr. — Petites pommes, 1 fr. pièce. — Œufs, 1,50 à 2 fr. la pièce. — Fromage, 24 fr. les 500 gr.

Je n'ajoute aucun commentaire à ces renseignements qui sont authentiques, je me contente de dire qu'ils parlent bien haut en faveur de l'émigration.

Jeudi 9. — Dans la journée, j'ai été à Paris pour toucher mon indemnité de logement et mon traitement arriérés. J'en ai profité pour aller voir quelques amis à qui je voulais remettre un exemplaire de la Notice, dans l'espérance que, grâce à leur généreuse offrande, jointe aux sommes ci-dessus, je pourrais payer les dettes contractées chez les deux boulangers de votre paroisse depuis l'invasion prussienne et la cessation des sermons de charité.

En retournant dîner à Billancourt, je pris un omnibus faisant provisoirement le service du chemin de fer de Ceinture au Palais-Royal. A peine avais-je pris place qu'une personne que je ne connaissais pas, et qui ne me connaissait certainement pas non plus, faisait allusion à ma captivité survenue à la suite d'une bataille à laquelle j'avais pris part soi-disant contre les Prussiens. (Elle avait lu sans doute le journal dont la lecture avait fait croire à l'un des employés de la mairie de Boulogne que j'avais été fait prisonnier.) Cette personne, ayant vu monter un ecclésiastique dans la voiture où elle se trouvait, s'imagina sans doute qu'il était au courant des aventures militaires du curé de Billancourt, et qu'il pourrait lui donner sur ce sujet des détails propres à satisfaire sa curiosité. Pour couper court à cette conversation singulière, je me fis connaître, et je déclarai que je ne m'étais jamais battu, les armes à la main, avec les Prussiens, que je n'avais jamais été leur prisonnier, mais que malheureusement j'avais été condamné à vivre au milieu d'eux pendant quelque temps, avec cent vingt-trois personnes de ma paroisse, et que j'avais eu l'occasion de défendre plusieurs fois mes pauvres émigrés, mais par la parole seulement, contre quelques prétentions mal fondées.

En descendant de voiture, j'offris à mes compagnons de route un exemplaire de la Notice qui les mettra à même de rectifier, à l'occasion, les faux bruits répandus sur mon compte et déterminera peut-être quelques lecteurs à venir en aide à la détresse de mes paroissiens.

Au moment où j'allais clôre cette lettre déjà bien longue, il est survenu un touchant incident que je me reprocherais de ne pas vous signaler, tant il est édifiant et tant il m'a inspiré l'espoir qu'une fois installé définitivement à Billancourt je trouverais les ressources nécessaires pour réparer les désastres causés à mes chers paroissiens par la guerre.

Un de mes anciens confrères de Saint-Sulpice, l'abbé Planchat, ignorant ce que j'avais fait et ce que j'étais devenu pendant le siége de Paris, m'adressait le mardi 7 février, muni d'une lettre dans laquelle il me priait de m'intéresser à lui, un jeune homme, apprenti sans patron, ou ouvrier sans ouvrage, membre du patronage de Paris-Charonne, dont il est depuis plusieurs années l'aumônier désintéressé et infatigable. Dépourvu moi-même, comme vous le savez, de toute espèce de ressources, je répondis à ce digne ami par l'envoi d'un exemplaire de la Notice, au bas duquel j'écrivis ces mots : « Mon cher ami, lisez cette notice, et voyez si je peux faire quelque chose pour votre jeune homme. »

Ce matin, je recevais par la poste, au moment où je

venais de vous envoyer ma correspondance datée du même jour, les lignes suivantes:

« Mon cher ami, je suis tellement touché de votre œuvre que je m'ôte le pain de la bouche pour vous envoyer cinq francs reçus à l'instant de Vincennes.

« L'Abbé Planchat. »

En recevant cette marque d'amitié et de désintéressement je bénis du fond du cœur ce vénéré confrère, et je me dis à moi-même : « Il aura certainement des imitateurs ! »

« En terminant je vous prie, cher et vénéré monsieur le curé, de donner communication de ce qui précède à ma famille paroissiale, sinon en lisant toute ma lettre, du moins en leur en indiquant l'abrégé, et surtout ce qui les touche personnellement.

« Veuillez aussi dire à monsieur le maire et à monsieur l'adjoint que je serai, mardi prochain, à Saint-Jean-d'Assé, et que je les conjure de conserver jusqu'à la fin à ces pauvres femmes et enfants de Billancourt leur bienveillant concours, malgré la difficulté des circonstances.

« Et recevez, cher et vénéré M. le curé.

« J. Gentil.
« Curé de Billancourt. »

Et moi, ma chère Nathalie, je n'ajouterai rien à ce récit de notre vénéré pasteur, sinon que nous l'avons écouté avec la plus profonde émotion et le plus vif intérêt, et surtout que nous avons accueilli avec enthousiasme la nouvelle de son retour au milieu de nous et celle de notre départ imminent.

C'est de Billancourt que je t'écrirai ma prochaine lettre. Dieu en soit béni mille fois !

Et reçois, ma chère Nathalie, etc.

Irma L.

VINGTIÈME LETTRE

Saint-Jean, d'Assé, le 16 février 1875.

Ma chère Nathalie,

Je croyais ne pas t'écrire avant notre retour à Billancourt. Mais j'ai réfléchi que nous aurions tant d'occupations pour nous réinstaller dans notre petite maison, que je n'aurai pas de sitôt le temps de toucher une plume.

J'ai fait hier et avant-hier, en compagnie de M° L. et de notre vénéré pasteur des visites d'adieu et de remerciement, à tous les bienfaiteurs de la colonie et de l'orphelinat ; la journée de demain est destinée à faire nos paquets.

Pourquoi ne profiterai-je pas de la soirée d'aujourd'hui pour te mettre au courant de ce qui s'est passé depuis le 11, et qui nous intéresse plus ou moins directement ?

L'événement le plus important de la semaine c'est, tu t'en doutes certainement, l'arrivée de notre vénéré pasteur.

Il était, chez monsieur le curé de Saint-Jean, hier, mardi, dans la soirée, selon qu'il l'avait annoncé.

Après avoir rendu visite à ce vénérable prêtre pour le remercier de ses bontés pour nous et pour la colonie, et pour lui demander comment son monde s'était comporté, pendant son absence, il est venu nous voir et il a bien voulu nous raconter les péripéties de son voyage de Billancourt à St-Jean.

Tu seras très contente, j'en suis persuadée, que je te répète ce récit vraiment curieux et intéressant. Je ne crois pas me tromper en t'affirmant que je te le transcrirai presque mot à mot.

« Mes chères enfants,

« Vos maîtresses m'ont témoigné le désir de savoir comment s'est effectué mon voyage de Billancourt à St-Jean. J'ai consenti à les satisfaire, mais j'y ai mis pour condition qu'elles vous permettraient de m'entendre.

« Avant-hier, Dimanche 12, à l'issue de la grand'messe, mon frère s'est présenté chez moi, en compagnie d'un jeune mobile de l'Hérault, parent de sa femme, excellent jeune homme qu'il désirait me faire connaître. Comme il se doutait que j'avais à peine de quoi vivre seul, il avait eu la précaution de se charger de provisions de bouche, en sorte que je pus lui offrir un déjeûner convenable.

« Pendant le repas, nous parlâmes nécessairement de l'émigration, de la colonie, de l'orphelinat, des bons habitants de Saint-Jean ; enfin je déclarai à mon frère que je partais, le soir même de ce jour, aussitôt après les vêpres, pour aller chercher tout mon monde. Quand je lui eus fait cette déclaration, mon frère m'avoua qu'il était chargé par notre père, informé deux ou trois jours auparavant de mes intentions, de me conseiller d'ajourner mon voyage jusqu'à la conclusion de l'armistice, à cause des difficultés sans nombre que présentait le rapatriement de mes émigrés et à cause de l'incertitude des événements politiques et militaires. Je répondis à mon frère que je ne croyais pas devoir me rendre à ces observations. Les difficultés présentes me semblaient devoir exister encore dans une ou deux semaines ; en effet, il y avait lieu de supposer ou que l'armistice serait prolongé forcément et suivi de la paix, ou qu'il serait maintenu dans ses limites primitives, et que la guerre continuerait. Or, dans le premier cas, il m'était impossible de laisser mon monde plus longtemps à Saint-Jean. Je n'avais plus d'argent, j'étais déjà endetté, et de plus les maris et les pères désiraient vivement revoir leurs femmes et leurs enfants.

« Dans le second, que seraient devenus les membres de la colonie ? combien de temps auraient-ils été obligés de rester à Saint-Jean ? comment auraient-ils pu vivre ? Pour moi, j'étais de retour à Billancourt ; je supposais que les paroissiens reviendraient chez eux de Paris et des contrées où ils s'étaient réfugiés pendant le siége ; je ne voulais plus quitter mon poste. Et puis, d'ailleurs, ma mission était terminée avec la cessation de l'investissement de Paris. Désormais les femmes et les enfants émigrés avec moi ne seraient plus exposés au bombardement et à la famine.

« Fort de ces réflexions que j'avais faites d'avance, j'ai quitté Billancourt dimanche soir. Je devais partir vers 3 ou 4 heures au plus tard, afin d'arriver à Versailles avant la fermeture des portes de la ville (6 heures). Mais la mairie de Boulogne avait fixé à 4 heures le convoi d'un petit enfant, et, par suite d'un retard imprévu, le corps fut présenté à l'église à 4 heures et demie.

« Le temps de célébrer l'office, de faire la conduite au cimetière, je me mis en route à 5 heures seulement, avec la perspective de ne pouvoir entrer dans Versailles. Je fus sur le point de différer mon départ jusqu'au lendemain, d'autant plus qu'il y avait déjà trois convois réglés pour ce jour-là ; mais l'un des vicaires de Boulogne avait bien voulu se charger de me remplacer pendant mon absence momentanée, et je prévoyais que, malgré toute ma bonne volonté et ma vivacité, je n'aurais pas trop de cinq jours pour organiser le retour de tout mon monde, grâce aux règlements prussiens concernant l'ouverture et la fermeture des portes de Versailles et la circulation sur le chemin de fer de l'Ouest. D'ailleurs, j'avais un excellent ami, l'abbé R..., qui m'attendait depuis trois heures pour faire route avec moi. Je me déterminai donc à courir les chances d'un désappointement à la porte de Versailles. A 5 heures et demie, nous étions en face de l'église de Sèvres. Un soldat allemand, catholique, nous aborda dans le haut de Sèvres et nous accompagna pendant un quart d'heure environ, en nous parlant un langage moitié français, moitié allemand, auquel nous ne comprîmes pas grand' chose, sinon que nous trouverions les portes de Versailles fermées, et que nous risquions d'être tués par les sentinelles, si nous voulions forcer la consigne. Nous ne tînmes aucun compte de cette recommandation ; nous espérions nous tirer d'embarras d'une manière ou de l'autre.

« Chemin faisant, nous trouvâmes un homme qui était dans la même situation que nous, et à qui un passant, revenant de Versailles, avait donné les mêmes renseignements. J'avais entendu les derniers mots de l'entretien, je m'approchai de lui et lui demandai s'il voulait se joindre à nous. Cet homme accepta volontiers mon offre, et nous fîmes route ensemble jusqu'à la grande grille de l'avenue de Paris. Il était déjà 6 heures et demie et la porte était fermée. Deux cerbères allemands, le *dreyse* sur l'épaule, se promenaient flegmatiquement le long de la grille. Je pris la parole et demandai à entrer avec mes compagnons : *Nix !* fut toute la réponse de l'un de ces hommes ; l'autre ne nous regarda même pas. Je n'insistai pas, mais avisant un employé de l'octroi qui était sur le devant de sa porte, je lui demandai à l'oreille s'il ne pourrait pas nous faire entrer, à l'insu des sentinelles, par les fenêtres du bureau donnant sur l'avenue, en dehors de la ville. L'employé répondit qu'il nous rendrait volontiers ce service, mais que les croisées étaient fermées par des barreaux de fer interceptant complétement le passage. Faute de mieux, il eut l'obligeance de nous donner les renseignements dont nous avions besoin pour nous abriter pendant la nuit.

« Nous allions nous retirer, d'autant plus honteux et confus de notre insuccès que le train du chemin de fer partait le lendemain à 7 heures et demie du matin et que la porte de la ville n'ouvrait qu'à 8 heures (c'était pour nous un retard de trente-six heures), quand une dame ayant l'autorisation spéciale de sortir à ce moment, entendit nos plaintes et nos murmures contre la consigne prussienne. Elle s'approcha de notre compagnon laïque et lui dit : « Ne vous inquiétez pas ; je vais vous donner le moyen d'entrer en ville. Adressez-vous chez le marchand de vin qui se trouve à votre droite. Il a déjà fait passer plusieurs personnes par-dessus les murs ; il ne refusera certainement pas de vous rendre le même service. »

« Vous dire combien nous fûmes heureux de cette précieuse découverte, serait difficile. Aussitôt j'engageai mes compagnons à tenter la fortune, et je me chargeai de demander moi-même au marchand de vin la faveur d'escalader le mur.

« Un quart d'heure après, nous étions dans le quartier

de Montreuil, hors de tout danger et certains de partir le lendemain.

« Vous l'avouerai-je? nous ne fûmes pas sans inquiétude pendant ce quart d'heure, car nous craignions que les sentinelles postées tout autour de la ville nous lançassent d'un instant à l'autre un Qui vive? auquel nous ne saurions que répondre, et que la violation de la consigne nous fît condamner à passer deux ou trois jours en prison, ce qui n'aurait pas facilité l'accomplissement de mon projet. Mais, grâce à Dieu, tout s'est bien passé. Nous n'avons pas eu de mur à escalader, mais quelques jardins à traverser, un chemin désert à suivre, et nous n'avons rencontré de Prussiens qu'après avoir franchi la limite de l'octroi. Nous en avions été quittés pour donner de bon cœur la pièce au garçon marchand de vin qui nous avait guidés si consciencieusement.

« Nous étions si heureux, mes compagnons et moi, que nous nous serions volontiers embrassés les uns les autres si nous n'avions pas craint de nous faire remarquer dans les rues de Versailles. A 7 heures, l'inconnu qui avait fait route avec nous nous dit adieu et se rendit chez des personnes de sa connaissance. Mon compagnon et moi, nous nous présentâmes chez mon excellent ami, l'abbé B... Il ne nous attendait pas, et l'heure du dîner était passée ; mais des dames demeurant dans sa maison nous eurent bientôt préparé un repas dont nous sentions vivement le besoin, après notre longue course et les émotions finales de notre entrée en ville.

« L'abbé B... s'effraya de mon projet, mais il ne put m'y faire renoncer. Je le priai de vouloir bien me procurer un asile pour mes émigrés, dans le cas où, le train arrivant trop tard pour passer à temps le pont de

Sèvres, le vendredi ou le samedi suivant, il faudrait absolument les faire coucher à Versailles.

« Cette demande le combla d'effroi ; mais comme sa charité est sans bornes, et son amitié pour moi très-solide, je ne m'en tourmentai nullement. J'étais bien convaincu qu'il ne les laisserait pas coucher dehors.

« Le lendemain à 7 heures 1/2 (lundi 13), nous montions en voiture. Cette fois ce n'étaient pas des wagons de marchandises, mais le voyage n'était plus gratuit ; la compagnie de l'Ouest faisait payer à tout le monde le tarif de 1re classe, sans garantir la classe des wagons fournis par elle. A 2 heures 1/2 de l'après-midi, j'arrivais seul au Mans. L'abbé R.... était descendu du train à la Ferté-Bernard, où il avait pris une voiture de correspondance pour continuer son voyage jusqu'à Mamers.

« Avant toutes choses, je me rendis à la mairie de la ville du Mans pour demander une réquisition sur le chemin de fer afin de pouvoir ramener gratuitement ma colonie d'émigrés.

« MM. les maires et adjoints me reçurent avec une bienveillance rare. L'un de ces messieurs connaissait mon œuvre, avait lu ma Notice, et ma demande lui parut très-juste. Aussi me donna-t-il aussitôt une lettre de recommandation pour M. le chef du mouvement à la gare du Mans. Celui-ci (c'était un Français), me fit l'accueil le plus poli et le plus sympathique ; mais, jugez de ma terreur ! il m'affirma qu'il avait reçu de l'administration centrale de Paris l'ordre formel de n'accorder aux voyageurs aucune des concessions précédemment octroyées par les règlements et d'exiger de tous sans exception le tarif de 1re classe, et cela pour deux raisons : 1° à cause des pertes occasionnées par la guerre à la compagnie de l'Ouest ; 2° à cause des exigences allemandes, nos ennemis n'autorisant qu'un seul train par jour de Paris au Mans et de Paris à Brest.

« — Monsieur le chef du mouvement, lui dis-je, je comprends parfaitement cette règle pour les voyageurs ordinaires, mais il s'agit ici de cent vingt-trois émigrés, femmes et enfants que j'ai conduits en sûreté, d'accord avec l'autorité municipale de la ville de Boulogne, et au moyen d'une réquisition. Ce serait une inhumanité et une contradiction à la fois, de ne pas leur accorder les moyens de retourner chez eux, maintenant qu'ils n'ont plus rien à craindre de la part de l'ennemi.

« Votre réclamation est certainement digne d'intérêt, me répondit-il, mais personnellement je ne peux rien accorder. Retournez à Paris, adressez-vous au directeur général de la compagnie, et si le conseil d'administration, qui se réunit une fois par semaine, veut bien vous accorder une faveur, je serai trop heureux de vous en faire jouir.

« — Mais, monsieur, il m'est impossible de retourner à Paris avant demain mardi; supposé que je puisse voir le même jour le directeur général, si le conseil a lieu dans huit jours, ou même dans trois, quatre ou cinq jours, je ne pourrai revenir que la semaine prochaine; et pendant ce temps-là que deviendront mes paroissiens sans argent ? Les laisser encore dix, douze ou quinze jours de plus, c'est une dépense de 600, 700 ou 800 francs dont je n'ai pas le premier sou !

« Bref, je lui expliquai si bien les motifs qui m'obligeaient à faire revenir mes paroissiens immédiatement et il fut si fortement touché de mon œuvre et de mes embarras, qu'il eut l'obligeance d'écrire au directeur général des chemins de fer de l'Ouest, à Paris, une lettre à laquelle il joignit la demande de M. l'adjoint au maire du Mans. Je quittai M. le chef de mouvement, plein d'espoir dans le succès de mes réclamations.

« Le digne rédacteur de la *Semaine du fidèle* m'accorda, le soir, une place à sa table et un bon lit dans sa maison. Le lendemain je me rendis à l'évêché, ou plutôt au grand séminaire; car l'évêché avait été brûlé, comme je vous l'ai déjà dit. Monseigneur me reçut avec sa bonté ordinaire, et écouta avec un intérêt marqué tous les détails que je lui donnai sur Paris, sur Billancourt, sur les commissions dont il m'avait chargé. J'informai Sa Grandeur de mon projet de rapatriement des femmes et des enfants de ma paroisse.

« Je m'adressai ensuite à la bonne supérieure de l'orphelinat de Notre-Dame de la Couture pour lui demander la permission de faire passer la nuit dans sa maison à mes émigrés, puisque malheureusement il n'y avait pas de train de nuit. Certain de ne pas être obligé de faire coucher tout ce monde en plein air, je me dirigeai à pied vers Saint-Jean-d'Assé, où je voulais arriver avant la nuit. Ce voyage n'a offert aucune particularité remarquable.

« Et maintenant, mes chères enfants, préparez-vous à retourner bientôt dans votre petite maison de Billancourt. Vous la trouverez telle que vous l'avez laissée. Seulement je vous préviens d'avance que toutes vos paillasses ont été prises et que pendant plusieurs jours vous serez obligées de coucher par terre sur vos matelas qui ont été épargnés. Quant à la nourriture, elle ne vous fera pas défaut parce que vous emporterez d'ici tout ce qui est bon à manger, et grâce à ces provisions, vous arriverez sans peine au moment où les principaux marchands seront réinstallés chez eux et approvisionnés suffisamment. »

Dès que notre vénéré pasteur eut cessé de parler, je lui fis savoir que depuis le 1er février, nous avions été plusieurs fois exposées à subir les exigences impérieuses des Prussiens qui voulaient s'emparer de la maison de madame L*** et nous en chasser, ou s'installer au milieu de nous, mais que, grâce à l'intervention de Monsieur le curé de St-Jean et à celle de son excellent vicaire, nous étions parvenues à rester maîtresses de la situation. Madame L*** assistait au récit de notre vénéré pasteur, et comme celui-ci parlait très-fort, et à côté d'elle, la bonne dame comprit tout et exprima tout haut le plaisir que lui causait son retour, mais non sans avouer que notre départ allait la laisser isolée. Et de fait, accoutumée qu'elle est depuis cinq mois à nous voir et à nous entendre depuis le matin jusqu'au soir, elle s'ennuiera probablement de sa solitude, au moins pendant huit ou quinze jours, jusqu'à ce qu'elle ait repris ses anciennes habitudes et renoué ses anciennes relations.

Pour nous, à vrai dire, nous l'emmènerions volontiers avec nous si elle voulait nous suivre, tant nous nous sommes attachées à elle à cause de sa grande bonté et de la simplicité de ses goûts!

Hier, mardi 14, notre vénéré pasteur adressa la parole aux membres de la colonie, aussitôt après sa messe. Il leur confirma de vive voix les nouvelles qu'il avait données par écrit, quelques jours auparavant, de leurs maris et de leurs pères, et il leur annonça que le départ de St-Jean aurait lieu vendredi 17, et qu'il fallait se tenir prêts à partir, à 9 heures du matin.

Et alors, en son propre nom, au nom de la colonie et des Orphelines, en présence d'un certain nombre d'habitants attirés à l'église par la curiosité (ils avaient été informés, dans la soirée d'hier, de son retour), il remercia dans les termes les plus touchants Monsieur le curé, Monsieur le maire et Monsieur l'adjoint de tout le bien fait par eux personnellement, ou procuré par leur intervention, aux pauvres femmes et enfants de sa paroisse, et il pria les assistants d'être auprès de tous leurs concitoyens les interprètes de sa reconnaissance qui durera autant que sa vie. Enfin il leur renouvela la promesse qu'il leur avait déjà faite précédemment de célébrer, le 15 de chaque mois, jusqu'à sa mort, une messe basse, à l'intention des bienfaiteurs de ses émigrés. C'est donc après demain, vendredi, que nous quittons (irrévocablement) Saint-Jean-d'Assé, non sans recevoir de la part de toutes les personnes qui sont venues nous voir, ou que nous avons rencontrées sur la route, ou que nous avons visitées, des marques d'affection et même de regret.

L'on s'était si bien habitué à la présence de notre vénéré pasteur, de la colonie et de l'orphelinat que plusieurs familles nous encourageaient à nous fixer au milieu d'elles, et nous offraient pour notre usage spécial une petite chapelle, ancienne église paroissiale située à 500 mètres environ du bourg.

L'argument que l'on mit en avant, pour nous déterminer à rester, c'est que si la guerre étrangère est terminée, il est plus que probable qu'elle sera suivie prochainement d'une guerre civile plus cruelle que la première.

Notre vénéré pasteur, est très-touché de ces témoignages de sympathie ; d'autant plus que Monsieur le curé a fait siens les sentiments de ses paroissiens, ou que ceux-ci ont été inspirés par leur curé ; mais, pour les raisons et motifs qu'il a donnés dans la lettre dont tu as eu communication dernièrement, notre pasteur persiste absolument dans la résolution de nous reconduire à Billancourt, et tous les membres de la colonie et de l'orphelinat, quoique très-touchés des offres gracieuses de leurs hôtes, ne demandent qu'à regagner leurs foyers.

A bientôt, ma chère Nathalie, c'est-à-dire quand nous serons installées suffisamment pour que je puisse trouver le temps de t'écrire.

Reçois pour mon oncle, pour ma tante et pour toi, l'assurance, etc. etc.

Irma L.

VINGT ET UNIÈME LETTRE

Billancourt, le 24 février 1879.

Ma chère Nathalie,

J'ai été trop occupée hier et avant-hier pour trouver le moment de t'écrire, tu le comprendras facilement quand tu songeras à ce que nous avions à faire pour nous installer tant bien que mal dans notre petite maison après cinq mois d'absence. Il nous a fallu remonter au rez-de-chaussée et au premier et au second étage de la maison tous nos meubles et ustensiles qui avaient été descendus dans la cave, en prévision du bombardement. Nous avons, très-heureusement pour nous, retrouvé tout notre mobilier intact, sauf 28 paillasses et 14 matelas de varech, qui ont été pris pendant le siége. Notre maison ne porte la trace d'aucun projectile.

La femme qui avait promis de garder, quand même, notre maison tout en restant chez elle, parce qu'elle logeait en face, n'avait pas pu rester longtemps à Billancourt. Un sien neveu, demeurant à Paris, était venu la chercher vers la fin de septembre et l'avait gardée avec lui jusqu'à ce jour. Il faut en conclure que c'est l'ange gardien de l'Orphelinat qui s'est chargé de protéger et notre maison et notre mobilier.

Nous nous en réjouissons et nous en remercions d'autant plus vivement la divine providence que tous ceux qui avaient laissé leurs meubles dans leur domicile n'ont pas eu le même bonheur que nous. Presque tous au contraire ont été complétement volés.

J'aime à croire que les voleurs n'auront pas osé s'emparer de ce qui appartenait aux petites orphelines, par un reste d'honnêteté relative, ou dans la crainte qu'un vol fait à des pauvres enfants sans mère, ne leur portât malheur.

Quant aux incidents de notre itinéraire de Saint-Jean-d'Assé à Paris, j'ai prié notre vénéré pasteur de me laisser prendre copie de sa lettre à M. le curé de Saint-Jean, parce que j'ai cru ne pas pouvoir mieux dire que lui, et aussi parce que je n'avais pas le temps de travailler à tête reposée. Une simple copie m'a paru plus commode. J'en ai été quitte pour écrire pendant une heure et demie de la nuit dernière.

Billancourt, le 21 février 1871 (7 heures 1|2 du soir).

Monsieur le curé,

Je ne veux pas remettre à demain la lettre que vous attendez de moi, conformément à ma promesse. J'ai hâte de vous dire comment nous avons, mes émigrés et moi, effectué notre voyage du Mans à Billancourt. Dieu soit loué et béni à jamais ! nous sommes arrivés tous sains et saufs au pont de Sèvres, hier samedi, à 5 heures et demie. Mais que de peines et de difficultés j'ai essuyées ! Partis de Saint-Jean, les uns à pied, les autres en voiture avec les bagages, nous étions tous au rendez-vous à 2 heures à l'orphelinat de la paroisse Notre-Dame de la Couture, dont je vous ai dit un mot dans ma lettre précédente.

En arrivant en ville, j'ai d'abord fait déposer dans un hôtel, près du chemin de fer, tous nos bagages, afin de n'avoir pas l'embarras de chercher une voiture pour les transporter le lendemain à l'embarcadère, et de ne pas courir le risque de manquer le train. Ensuite j'ai été trouver encore une fois M. le chef du mouvement. Il avait reçu la veille au soir la réponse du directeur général de la compagnie du chemin de fer de l'Ouest.

La réponse eût été un coup de foudre pour moi, si je n'avais pas eu soin de me préparer aux plus cruelles déceptions. Elle était négative. Non-seulement l'on ne m'accordait pas la faculté de rapatrier gratuitement mes émigrés, comme j'avais cru pouvoir l'espérer, mais l'on ne m'accordait même pas la demi-place octroyée ordinairement aux sociétés de plus de vingt-cinq personnes ; et, en conséquence, je me vis contraint de payer la somme exorbitante de deux mille cent quarante francs, ou de laisser les cent vingt-trois femmes et enfants de Billancourt sur le pavé et à la charge de la ville du Mans. Complétement bouleversé, mais non pas découragé, par suite de cette déception, je cherchai à me mettre en mesure de répondre à cette exigence inouïe (1), tout en me réservant d'en appeler, comme d'abus, au conseil d'administration de la compagnie. Je ne comprends pas, je l'avoue, que le directeur général n'ait pas eu égard à notre situation vraiment exception-

(1) La Compagnie faisait alors payer le prix de première classe à tous les voyageurs. Si je n'avais pas eu de tous jeunes enfants dans le nombre de mes émigrés, j'aurais eu à verser près de 2,600 fr. au lieu de 2,140 fr.

nelle; mais il me semble impossible que le conseil ne me rembourse pas au moins la moitié de la somme ci-dessus. Je vous tiendrai au courant de cette affaire.

Quelques heures après, j'avais emprunté deux mille francs à rendre sans intérêt le plus tôt possible, et j'avais entre les mains un laisser-passer unique pour ma colonie et pour moi.

Je ne vous donnerai pas de détails sur les démarches et les courses faites par moi, depuis 2 heures jusqu'à 6 heures du soir, pour obtenir ce résultat. Je suis persuadé que toutes les personnes de la ville qui m'ont vu et revu, marchant à pas précipités, dans les rues se sont dit en elles-mêmes : « Voilà, sans doute, un pauvre prêtre qui a perdu la tête ! » A la vérité je n'avais jamais éprouvé dans ma vie d'angoisses comparables à celles du 17 février. Toutes mes préoccupations, toutes mes inquiétudes pendant cinq mois d'émigration n'ont rien été, comparées à celles de cette journée. Que faisaient les femmes et les enfants de Billancourt, tandis que je me tourmentais au delà de toute expression pour eux ? Les uns jouaient, les autres causaient ou priaient à l'orphelinat. La sœur supérieure leur avait préparé une excellente soupe, et avait mis à leur disposition plusieurs grandes pièces de sa maison devenues récemment libres par la mort de la fondatrice de l'œuvre. Le repas avait été complété au moyen des provisions de bouche apportées par chaque famille, d'après mes avis et recommandations.

Malgré sa bonne volonté, la digne supérieure n'avait pas de lits à donner à tout mon monde. Quatre femmes plus délicates que les autres furent admises à jouir des lits de l'infirmerie dépourvue des malades ; plusieurs matelas furent prêtés aux petites orphelines installées dans la lingerie ; les autres femmes et enfants durent passer la nuit, assis sur des chaises ou des bancs, et accoudés sur les tables d'une salle de travail. Pour moi, j'avais un lit dans une grande pièce où les jeunes garçons, n'ayant pas besoin de leurs mères pendant la nuit, couchèrent sous ma surveillance, enveloppés dans des tapis d'appartement.

Samedi, à 6 heures du matin, mes émigrés mangeaient une excellente soupe préparée et donnée charitablement par la sœur supérieure. J'eus le bonheur de dire la sainte messe, à 5 heures et demie, dans la chapelle de l'établissement. J'avais grand besoin de ce secours divin pour me remettre des émotions de la veille, et pour me préparer à une nouvelle épreuve qui pouvait être aussi redoutable, sous certains rapports, que celle de vendredi. En effet, j'envisageais alors avec effroi cette journée décisive, et je me demandais : « A quelle heure arriverons-nous à Versailles ? Supposé que nous arrivions à l'heure réglementaire, 2 heures et demie, comment les quatre femmes délicates et les plus jeunes enfants pourront-ils se rendre de Versailles au pont de Sèvres ? Ils sont incapables de marcher jusque-là !

Comment les autres porteront-ils tous les bagages? Trouverons-nous des voitures ? et à quel prix ? Supposé que le train éprouve seulement deux heures de retard, que deviendrai-je dans Versailles, avec mes cent vingt-trois personnes? Il est vrai que mon ami l'abbé B...., est plein de bonne volonté pour moi ; mais s'il est absent, mais s'il ne peut pas trouver d'asile pour eux, que faire ? que devenir? » Ces pensées me préoccupèrent tout le long du chemin, et je sentais de temps en temps mon courage défaillir. Mais aussitôt, je me mettais sous la protection de saint Joseph, patron des voyageurs et mon patron de baptême, et je m'ingéniais à trouver différents moyens propres à me tirer d'embarras. Le voyage me parut durer un siècle!

A Chartres, nous avions déjà un retard. Je prévoyais pour moi l'éventualité la plus critique, l'impossibilité de franchir le pont de Sèvres avant l'heure réglementaire prussienne, 6 heures du soir, et l'obligation de faire passer à tout mon monde la nuit à la belle étoile, au milieu des soldats allemands! Mais, grâces à Dieu, nous étions à Versailles à 3 heures et demie. Notre débarquement produisit une impression de surprise indicible sur tous ceux qui en furent témoins : Français et Prussiens. Quand l'on sut qui nous étions, l'on parut s'intéresser à nous. Chacun (je parle des Français) se prêta à nous procurer des voitures; car les soldats prussiens réclamaient avec dureté l'évacuation immédiate de la cour de la gare, et de la place même située en dehors de la grille, et menaçaient, m'a-t-on dit, de fusiller tout mon pauvre monde, s'ils ne se hâtaient pas de disparaître. Tandis que je courais, littéralement, à travers les rues de la ville, pour trouver quelques voitures-omnibus, et que je revenais une demi-heure après tout seul à la gare, parce que les Prussiens avaient réquisitionné pour leur propre compte presque tous les chevaux, de braves gens avaient indiqué une immense voiture employée ordinairement à transporter la paille et le foin. Le conducteur de cette voiture consentait à se charger de tous les bagages, de quatre femmes et de vingt enfants, perchés au-dessus des paquets, moyennant la somme de vingt-cinq francs, pourboire compris. Nous étions sauvés, si je puis parler ainsi, c'est-à-dire que j'étais au bout de mes tribulations, en ce qui concerne le rapatriement de mes émigrés.

A cinq heures et demie, les piétons, femmes et

enfants, arrivaient au pont de Sèvres, après avoir fait, en une heure et demie, huit kilomètres de marche; nous étions haletants, mais satisfaits. Bientôt les maris et les pères, qui nous attendaient avec impatience sur la rive opposée de la Seine, nous aperçurent et vinrent nous prêter main-forte pour déposer sur le territoire de Billancourt tous nos bagages; et en même temps, chacun embrassait son mari, sa femme, son père, ses enfants ! A 6 heures, la plupart de mes émigrés avaient retrouvé leur petit logement, plus ou moins dévasté, plus ou moins dépouillé. Plusieurs durent passer la nuit sur des bancs dans une des dépendances de l'église, d'autres reçurent l'hospitalité chez des amis. Les vingt-quatre petites orphelines et leurs maîtresses durent se contenter provisoirement de seize matelas (vingt-huit paillasses et quatorze matelas de varech ayant été pris pendant le siége.) Ce matin (dimanche), tous mes émigrés assistaient au saint sacrifice de la messe, célébré pour eux en actions de grâces.

Une personne manquait à l'appel : celle qui a, comme vous le savez, contracté la petite vérole, trois jours avant le départ, par suite des soins qu'elle avait prodigués à une de vos paroissiennes atteinte de cette maladie; elle ne mourra pas, j'en suis certain (1). Et je pourrai dire, comme notre divin Maître parlant à son Père dans la prière après la Cène : « Père saint, j'ai eu soin de ceux que vous m'avez donnés; et nul d'eux ne s'est perdu. » Demandez avec moi à notre Père céleste que, je puisse ajouter avec Notre Seigneur : « Je me sanctifie moi-même pour eux, afin qu'eux-mêmes soient aussi sanctifiés par la vérité. »

(1) Cette personne est revenue parfaitement guérie. Madame L... l'a gardée chez elle pendant sa convalescence, et ne l'a renvoyée à Billancourt qu'après la guerre civile.

« Maintenant que je leur ai sauvé la vie, ou du moins conservé la santé, qu'ai-je à désirer, sinon qu'ils soient tous de bons et fidèles serviteurs du Dieu qui m'a inspiré la pensée de les préserver de tout danger, qui m'a assisté d'une manière si sensible au milieu des difficultés de l'émigration, et qui m'a accordé la faveur de les ramener tous sains et saufs dans leurs foyers ?

Recevez, cher monsieur le curé, l'assurance des sentiments affectueux avec lesquels je suis votre tout dévoué en N.-S.

J. Gentil,
Curé de Billancourt-lès-Paris.

« N. B. Je n'ai pas besoin de vous dire qu'à cette première messe à laquelle ils assistaient dans leur chère petite église, après cinq mois d'exil, mes émigrés ont prié tout particulièrement pour vous, pour messieurs les maire et adjoint et pour tous nos bienfaiteurs.

« Les paroissiens qui avaient eu la mauvaise pensée d'entrer dans Paris, aussi bien que ceux qui s'étaient réfugiés en province dans leur pays natal, ont uni leurs prières aux nôtres, avec un sentiment très vif de reconnaissance envers les hôtes si généreux de leur pasteur et de leurs concitoyens. Désormais, il y aura union intime devant Dieu, entre le curé et les paroissiens de Saint-Jean et les paroissiens et le curé de Billancourt. »

Tu le vois, ma chère Nathalie, nous avons accompli heureusement notre retour, mais non sans difficultés.

A peine installées, nous allons nous occuper d'un déménagement.

Notre vénéré pasteur a pris le parti de nous céder sa demeure.

Monsieur B... le bon paroissien de Billancourt, réfugié à Chartres pendant la guerre, dont le fils nous a procuré l'hospitalité bienveillante des sœurs de la Providence, lui louant gratuitement, pour une année, sa petite maison, et notre propriétaire consentant à résilier le bail de notre location, il nous fera profiter de l'indemnité de logement que lui accorde, à défaut de presbytère, la commune de Boulogne; cette combinaison vient fort à propos le décharger d'un fardeau, qu'il n'aurait pas pu porter actuellement, eu égard à la situation malheureuse de tous ses paroissiens.

Et maintenant, ma chère Nathalie, admirons et louons à jamais la divine providence qui nous a préservés, dans ces temps mauvais, de tout accident fâcheux, et prions avec toute la ferveur dont nous sommes capables pour notre chère patrie, demandant au Dieu bon et puissant qu'il lui accorde dans l'avenir une prospérité proportionnée aux calamités qu'elle vient de subir pendant les six derniers mois.

A partir de ce jour, je n'aurai plus qu'à te donner, comme autrefois, de temps en temps de mes nouvelles; mais tu auras, tous les jours, part à mes meilleurs souvenirs dans mes prières.

Monsieur le curé me charge de ses compliments empressés pour mon oncle, pour ma tante et pour toi, et il te prie très instamment de continuer la propagande de la Notice.

C'est de cette propagande qu'il attend les ressources dont il a si grand besoin et qui lui font complétement défaut à Billancourt, en ce moment où chacun compte ses pertes et envisage avec effroi la nécessité et l'impossibilité de les réparer.

Reçois, ma chère Nathalie, etc., etc.

Irma L.

FIN DE LA PREMIÈRE PARTIE.

SECONDE PARTIE.

JOURNAL DE BILLANCOURT

PENDANT LA COMMUNE

OU

**Lettres de Monsieur le curé de Billancourt
à Monsieur le curé de Saint-Jean-d'Assé (Sarthe),
pendant la Commune.**

PREMIÈRE LETTRE

Billancourt, le 17 mars 1871 (8 heures du soir).

Monsieur le curé,

Lorsque je vous ai écrit, il y a bientôt un mois, pour vous annoncer l'heureux retour de mes émigrés, je vous exprimais toute la reconnaissance dont j'étais pénétré personnellement pour vous, pour MM. les maire et adjoint, pour Mme L***, pour tous ceux de vos paroissiens qui nous sont venus en aide gratuitement pendant notre séjour à Saint-Jean-d'Assé. Je vous remercie d'avoir bien voulu être mon interprète auprès d'eux, le dimanche qui a suivi la réception de ma lettre.

Quant à la sainte Messe, je la célébrerai fidèlement pour les bienfaiteurs de ma colonie le 15 de chaque mois, ainsi que je vous l'ai dit, même lorsque le 15 sera un dimanche, parce qu'il y a tous les dimanches deux messes dans mon église. Les petites orphelines et leurs maîtresses, dont vous faites mention spéciale dans votre lettre du 2 mars, sont vivement touchées de votre bon souvenir. Elles me prient de vous attester qu'elles n'oublieront jamais votre bienveillance envers elles et qu'elles prieront pour vous tous les jours de leur vie, matin et soir.

A la fin du mois de septembre 1870, ne pouvant pas, à cause de l'investissement de Paris, communiquer avec le propriétaire de cette maison, j'avais écrit au ministre de la justice, établi alors à Tours, pour le prier de m'indiquer la manière dont je devais m'y prendre pour donner un congé régulier. Peu de jours après le ministre adressa au Procureur de la République une réponse que celui-ci me fit connaître par l'entremise de Monsieur le maire de Saint-Jean-d'Assé, et qu'il garda par devers lui pour me servir dans le cas où le propriétaire ne s'en rapporterait pas à ma parole.

Or, le 3 février, je rencontrai celui-ci à Boulogne, en me rendant à la mairie. Je lui fis part de ma démarche concernant sa maison, et je lui annonçai que je ne pouvais plus garder le loyer des orphelines par suite des tristes événements qui me réduisaient à la misère aussi bien que mes paroissiens. Il comprit parfaitement ma situation, ajouta foi à mon explication relative au congé, et conclut gracieusement avec moi un arrangement qui nous rendit la liberté à l'un et à l'autre.

Dès les premiers jours du présent mois, les enfants étaient installées dans leur nouveau domicile.

Pour moi, réduit depuis le 3 février à mes soixante-quinze francs par mois de l'indemnité du gouvernement, que j'ai pu toucher à Versailles, ces jours derniers, et exposé à n'avoir aucun autre revenu paroissial, à cause de la ruine générale, j'ai profité de l'offre gracieuse qui m'a été faite par le vénérable vieillard réfugié à Chartres (dont le fils avait procuré à mes orphelines l'hospitalité si généreuse des sœurs de la Providence), de me prêter gratuitement, pendant la présente année, sa propre maison. De cette sorte je pourrai maintenir provisoirement l'orphelinat, sans négliger les autres œuvres paroissiales.

Vous ne vous trompez pas, Monsieur le curé, en supposant que je dois être heureux à la pensée du bien que j'ai fait à tous mes émigrés; car s'ils étaient entrés à Paris, plusieurs, comme vous le dites vous-même, y auraient sans doute perdu la vie, et le plus grand nombre la santé.

Tous seront-ils remplis pour moi de la vénération profonde et de la sincère reconnaissance dont vous leur faites un devoir sacré? J'aime à le croire, mais je n'y compte nullement; je veux dire que j'ai accompli cette œuvre de l'émigration sans prétendre à la reconnaissance de qui que ce soit et à aucune récompense en ce monde.

Comme je l'avouais à Saint-Jean, dès notre arrivée, je n'ai pas choisi les émigrés; j'ai pris ce qui restait des femmes de ma paroisse ne sachant que faire et que devenir avec leurs enfants pendant le siége de Paris, sans examiner si elles étaient pieuses, ou si elles ne pratiquaient pas leurs devoirs religieux; par conséquent, je ne me suis pas préoccupé de savoir si elles étaient pénétrées pour le Prêtre des sentiments de respect et d'obéissance auxquels il a droit en qualité de ministre de Jésus-Christ.

Quant à la reconnaissance, je ne leur en demande qu'une marque pendant le reste de leur vie ; c'est d'aimer et de servir Dieu fidèlement et d'élever leurs enfants chrétiennement. Ces chers enfants se souviendront certainement de l'émigration; car j'ai l'intention de donner à chaque famille un exemplaire de la Notice afin de perpétuer à Billancourt, de génération en génération, le souvenir de l'hospitalité vraiment merveilleuse que nous avons reçue à Saint-Jean-d'Assé!

— Vous m'avez demandé, Monsieur le curé, si j'avais tiré de la Notice le parti que j'en attendais pour hâter le payement de mes dettes. La Notice a produit un résultat qui m'a mis à même de payer mes dettes, à l'exception des 2,140 francs empruntés pour payer le chemin de fer de l'Ouest. J'arrive de Paris. Je viens de voir quelqu'un qui me promet son appui auprès du conseil d'administration des chemins de fer de l'Ouest, et cet appui sera d'autant plus efficace que le défenseur des pauvres de Billancourt est très-puissant par sa position, et qu'il a fort à cœur de me faire rembourser. En attendant, il me procurera, je l'espère, quelques ressources pour venir en aide à mes familles pauvres, sans ouvrage pour la plupart, et aux petites orphelines dont les pères ou autres parents (vingt sur vingt-quatre) n'ont rien donné depuis huit mois et ne peuvent rien donner actuellement. Pour le chemin de fer, j'ai adressé une lettre à MM. les membres du Conseil d'administration. A cette lettre se trouve jointe la recommandation de M. le maire de Boulogne, dont je tiens à vous donner copie pour vous montrer jusqu'à quel point l'autorité civile apprécie l'œuvre de l'émigration.

« Boulogne, le 16 mars 1871.

« Messieurs, les services exceptionnels et au-dessus de tout éloge qu'a rendus à ma commune M. le curé de Billancourt, pendant la durée du siége de Paris, en conduisant en province, pour les soustraire à tout danger, un grand nombre de femmes et d'enfants de sa paroisse, et en pourvoyant à leurs besoins, pendant plus de cinq mois, me font un devoir de recommander d'une façon toute particulière à votre bienveillant accueil la demande ci-jointe, qu'il vous adrese en vue d'obtenir le remboursement des trois quarts ou au moins de la moitié du prix des places, payé par lui, pour le transport du Mans à Versailles d'une colonie d'émigrés.

« Je me plais à reconnaître la parfaite exactitude des faits soumis par M. l'abbé Gentil, à votre appréciation; et je dois constater qu'après avoir épuisé complétement les ressources dont il pouvait disposer, il a trouvé à sa rentrée à Boulogne, sa maison pillée et dévastée, et que les logements qu'occupaient la plupart des familles malheureuses placées sous sa protection ont subi le même sort. »

Plusieurs personnes m'ont engagé à publier une seconde édition de ma Notice. Je me suis rendu volontiers à ces instances bienveillantes. Voici pourquoi.

Toutes les familles pauvres sont revenues à Billancourt; les gens, aisés autrefois, sont presque tous ruinés; les quatre ou cinq habitants d'été plus ou moins riches ont eu leurs maisons tellement abîmées par les obus prussiens ou par le pillage des maraudeurs de toute sorte, qu'ils auront à dépenser des sommes considérables pour les réparer. Je ne peux songer ni cette année, ni l'année prochaine à organiser, comme les années précédentes, une loterie de bienfaisance ou un sermon de charité! La réimpression de ma Notice, grossie du récit des événements écoulés du 16 décembre 1870 au 18 février 1871, est presque la seule ressource sur laquelle je puisse compter pendant plusieurs années pour rétablir ou pour maintenir les œuvres charitables de ma paroisse, œuvres bien plus nécessaires maintenant que les années précédentes.

Je me propose d'adresser un exemplaire de cette seconde édition aux membres du clergé paroissial de plusieurs diocèses, où je compte d'anciens confrères de séminaire, à commencer par le diocèse du Mans, où je suis connu de presque tous ces Messieurs. Je suis convaincu qu'aucun d'entre eux, quelque pauvre qu'il soit, ne me refusera la modique somme de un franc, prix de la seconde édition, quand il aura lu mon opuscule.

Si la lecture de ma lettre au rédacteur de la *Semaine du Fidèle* a touché si vivement et si efficacement les laïques à qui je l'ai adressée à mon retour, quelle impression favorable ne produira-t-elle pas sur mes vénérables confrères dans le sacerdoce ? Et puis, si je ne me trompe, il y a dans cette histoire de l'émigration paroissiale de Billancourt quelque chose d'édifiant pour les populations de la campagne que Messieurs les curés pourront faire connaître à leurs paroissiens : l'exemple de la charité fraternelle des habitants de Saint-Jean-d'Assé envers mes émigrés, et le bon accueil fait à leur pasteur par votre digne clergé du Mans !

Je vais mettre la main à l'œuvre lundi prochain (20), de manière à faire imprimer vers le 15 avril. Il est bien entendu que vous aurez l'hommage d'un des premiers exemplaires et que j'en adresserai un à nos plus insignes bienfaiteurs de Saint-Jean et des environs. J'oubliais de vous dire que nous avons eu à Billancourt la visite des Prussiens, le jeudi 2 mars. Un certain nombre d'entre eux étaient entrés à Paris la veille, et ceux-ci comptaient y entrer à leur tour le vendredi. Nous avons eu le bonheur de ne les voir, pour ainsi dire, qu'en passant. Ils n'ont couché qu'une nuit seulement dans quelques maisons de Billancourt, dont les habitants n'étaient pas encore de retour.

J'ai eu la satisfaction de ne pas en recevoir chez moi. Un officier, ayant su que la maison de la rue de la Ferme, 3, était occupée par le pasteur de la paroisse, avait décidé qu'on ne m'imposerait pas cette obligation. Vers la nuit, trois soldats se présentèrent à ma porte, demandant le logement. Je leur répondis « nix logement » et les priai de passer dans la rue et d'aller chercher ailleurs. Ils ne se le firent pas dire deux fois, parce que je leur parlai en même temps de l'officier installé chez mon voisin.

Grâce aux conditions imposées par notre gouvernement à l'entrée des Allemands dans Paris, nous n'avons ressenti aucun inconvénient grave de leur séjour momentané. Quelques portes forcées, quelques planches prises et brûlées par eux, beaucoup de boisson absorbée chez les marchands de vins et liqueurs et une abondante vermine déposée par eux dans les maisons qu'ils ont occupées pendant la nuit : Voilà le souvenir qu'ils ont laissé de leur passage à Billancourt. Je me trompe, en revenant de la revue passée dans le bois de Boulogne par le roi Guillaume ils ont traversé notre route de Versailles de part en part.

A partir de ce moment, plus heureux que les communes de la banlieue situées sur la rive gauche de la Seine, nous n'avons plus revu sur notre territoire les bourreaux de la France ! Puissent-ils bientôt purger de leur présence toutes les contrées encore envahies par eux ! Soyez assez bon pour me dire si vous êtes débarrassé de ces hôtes incommodes qui ont tant fait de mal dans votre département et dans votre canton.

Recevez, Monsieur le curé, l'assurance, etc.

DEUXIÈME LETTRE

Billancourt le 10 avril 1871.

Monsieur le curé,

Je suis bien touché de votre sollicitude à mon sujet et au sujet de mes paroissiens ci-devant émigrés à Saint-Jean-d'Assé, et en particulier des petites orphelines. Je vous remercie d'avoir pensé à nous dans les circonstances critiques où nous nous trouvons depuis le 18 mars.

Vous avez appris par les journaux comment la Commune a été établie dans la capitale, et, sous ce rapport, vous ne me demandez aucun renseignement; mais vous désirez savoir quelle influence ces événements ont exercée sur notre situation particulière à Billancourt. Je vais tâcher de vous satisfaire le mieux et le plus brièvement possible.

Avant le 18 mars, la population ouvrière avait déjà commencé à revenir dans ses modestes foyers, comme j'ai déjà eu l'honneur de vous le dire; le nombre des écoliers augmentait chaque jour dans les classes, et j'espérais que plusieurs habitants d'été feraient réparer les dégâts causés à leurs propriétés pendant le siége de Paris, et viendraient contribuer, par leur présence et par leur bienveillante intervention, au rétablissement des œuvres charitables de la paroisse. Déjà les travaux de toute sorte s'offraient aux hommes et aux femmes de tous les états; mes jeunes orphelines trouvaient de quoi exercer leurs doigts à la couture et à la lingerie qui leur procureront un jour des moyens honnêtes d'existence.

Mais hélas ! en vingt-quatre heures, tout l'échafaudage de nos espérances s'effondra complétement, tous les travaux furent arrêtés et, depuis un mois, pour les uns, trois semaines ou quinze jours pour les autres, il n'y a plus ni ouvrage, ni argent, ni pain. La Commune fermant complétement les portes qui mettent Billancourt et Boulogne en communication directe avec Paris, les blanchisseurs (vous vous rappelez sans doute que cette profession est celle de la majorité des habitants de la commune de Boulogne), ne peuvent plus aller chercher et reporter le linge de leurs pratiques qu'en faisant de longs détours et en s'exposant à être tués ou blessés par les obus et la mitraille, obligés qu'ils sont de passer par le territoire, théâtre principal de la guerre civile. Les ateliers des fabriques sont fermés juste au moment où le travail devenait abondant.

De cet état de choses, il résulte que mes pauvres paroissiens s'adressent à moi en très-grand nombre pour obtenir un secours provisoire, juste ce qu'il faut pour ne pas mourir de faim.

Afin de répondre aux besoins de ces familles dont l'ensemble constitue la partie la plus intéressante de ma paroisse, à cause de sa situation précaire, j'ai dû appliquer le proverbe : aux grands maux les grands remèdes, en engageant les vases sacrés qui m'ont été donnés à moi personnellement, mais que je laissais par un testament olographe à la paroisse de Billancourt, dans le cas où je viendrais à mourir avant d'avoir obtenu des donateurs la permission de les céder définitivement à la fabrique de l'église.

Plaise à Dieu qu'avant l'épuisement de cette recette spéciale et extraordinaire, la lutte ait cessé entre la soi-disant commune de Paris et la France, représentée à Versailles par l'Assemblée nationale ! S'il en était autrement, je ne sais vraiment pas comment je m'y prendrais pour empêcher de mourir de faim ceux qui s'adressent à moi en toute confiance? D'autant plus que le Bureau de bienfaisance de la commune de Boulogne est, dit-on, à bout de ressources, par suite des dépenses énormes effectuées pendant le siége de Paris.

A la cessation du travail et à ses fâcheuses conséquences, est venue se joindre une autre épreuve pour Billancourt.

Le 3 avril, lundi saint, les insurgés ont attaqué le corps d'armée campé sur les hauteurs de Châtillon, Clamart, Meudon, Bellevue et, à partir de ce moment jusqu'à ce jour, nous avons été presque continuellement abasourdis par une canonnade et une fusillade de nuit et de jour qui nous impressionne de la manière la plus cruelle et nous empêche de dormir tranquillement.

Cependant nous avons eu une alerte assez forte le mardi saint, à dix heures et demie du soir. Trois cents insurgés environ, d'autres disent cinq cents, étaient venus en reconnaissance vers le pont de Sèvres. Eveillé par le bruit de leur marche sur la route qui était alors très-sèche, et par suite très-sonore, je me levai et j'aperçus bientôt à travers les persiennes, grâce au clair de lune, une troupe nombreuse dont j'admirai l'audace (car ils n'avaient pas d'artillerie), supposant qu'ils voulaient attaquer la position de Sèvres.

Cinq minutes s'étaient alors à peine écoulées qu'une fusillade très-nourrie se fit entendre et que plusieurs coups de canon ou de mitrailleuses mirent en fuite tous les soldats de la Commune, tandis que les habitants de Billancourt, troublés d'une manière si inattendue dans leur sommeil se réveillaient en sursaut, se croyant déjà bombardés et perdus sans retour. Plusieurs insurgés furent blessés et un ou deux tués ; un autre en se sauvant tomba dans un trou rempli d'eau près de l'usine à gaz... Une demi-heure après, le plus profond silence régnait sur la route de Versailles.

Quoi qu'il en soit, je m'étais habillé en toute hâte, et je me promenais dans la cour de la maison dans l'intention de recevoir au besoin chez moi les blessés et même de leur donner les secours de mon ministère, si l'on avait recours à moi, mais je vous avoue que je n'allai pas au-devant, les chefs de mouvemnnt ayant témoigné qu'ils ne voulaient plus ni de Dieu, ni de prêtres, ni d'église. Je ne crois pas avoir manqué de zèle sacerdotal, mais avoir agi prudemment, parce qu'en allant au-devant je m'exposais peut-être à être fait prisonnier. Or, je pensais que ma présence à Billancourt, au milieu de mes paroissiens, serait plus utile qu'à la Conciergerie ou à Mazas, où se trouve déjà un nombre suffisant d'ecclésiastiques !

Le lendemain matin, chacun racontait ses craintes de la nuit et se communiquait ses appréhensions pour les jours prochains, et nous apprenions que des obus ou des projectiles à mitraille étaient tombés dans quatre ou cinq endroits différents de la paroisse, non sans causer quelques dégâts matériels, mais sans tuer ni blesser aucun habitant. A partir de ce jour plusieurs prirent le parti de coucher dans leurs caves.

Le mercredi saint, un homme de ma paroisse était grièvement blessé par une balle, et le jour de Pâques un homme de Boulogne, qui marchait dans la rue du Vieux-Pont de Sèvres fut tué raide par une autre balle. Ces deux accidents me causèrent, comme vous le pensez bien, une profonde émotion; d'ailleurs j'avais remarqué que pendant les derniers jours de la semaine sainte, et le jour de Pâques surtout, il y avait eu comme une pluie de balles venant du bas de Sèvres jusque sur la place de l'Eglise.

Ayant appris que nous étions redevables de ces inconvénients à quelques individus qui avaient tiré de Billancourt sur des soldats français, et craignant pour la vie des enfants de l'école des sœurs et de l'asile communal et pour les personnes qui traversent sans cesse cette rue pour se rendre, soit dans les avenues de Billancourt, soit à l'église, j'écrivis une lettre à un colonel d'état-major établi à Sèvres; je lui exposai les faits ci-dessus, et je le priai en grâce de recommander aux hommes placés sous ses ordres de ne pas tirer dans la direction de la rue du Vieux-Pont de Sèvres ! Plût à Dieu qu'il eût dépendu de moi d'arrêter cette triste guerre ! elle eût été terminée ce jour-là, ou plutôt elle n'eût jamais commencé !

La réponse à ma lettre fut prompte et satisfaisante. A partir du lundi de Pâques, je ne sache pas qu'un seul coup de fusil ait été tiré dans la direction indiquée.

Au reste, voici le texte même de cette lettre que je crois pouvoir vous communiquer sans indiscrétion parce que son auteur exprime des sentiments dignes d'un officier vraiment français et vraiment chrétien.

« Monsieur le curé,

Je m'empresse de vous répondre que je m'applique à faire distinguer aux sentinelles les personnes inoffensives des hommes armés. Mais, je ne suis pas toujours près d'elles (d'autres devoirs me sont imposés), et je puis vous affirmer qu'à moins d'être armé d'une bonne lunette, il est difficile d'y voir bien clair. Quant au laisser-passer que vous me demandez, je m'empresse de vous l'adresser. Priez Dieu, Monsieur le curé, qu'il assiste notre malheureux pays (etc.). »

Depuis, quelques paroissiens m'ont dit savoir pertinemment que les soldats français postés à Sèvres, sur la rive gauche de la Seine, croyaient avoir eu devant eux, pendant les derniers jours de la semaine sainte et le jour de Pâques, des bandes d'insurgés circulant dans le pays, tandis qu'il s'agissait uniquement des personnes allant à l'église pour assister aux offices, ou en sortant pour retourner chez elles.

Afin de répondre au vœu exprimé par le colonel, vœu qui est celui de tous les bons Français et surtout celui de tous les prêtres, quoi qu'en disent nos ennemis, unissons nos prières, Monsieur le curé, pour fléchir la justice de Dieu et pour obtenir sa miséricorde en faveur de notre chère et malheureuse patrie.

Recevez, Monsieur le curé, l'assurance, etc.

TROISIÈME LETTRE

Billancourt, le samedi 20 avril.

Monsieur le curé,

Aujourd'hui à 10 heures 3/4, j'étais occupé à confesser les jeunes filles de la première année du catéchisme, lorsqu'une de ces enfants m'annonça qu'un ecclésiastique demandait à me parler. Quel ne fut pas mon étonnement en sortant du confessionnal ! j'avais devant moi le curé de l'église Saint-Pierre de Montmartre, à Paris, mon ancien camarade d'enfance au petit séminaire de Saint-Nicolas, sous la supériorité de Mgr Dupanloup, évêque d'Orléans ! Je croyais que ce digne prêtre fuyait la persécution des insurgés, maîtres de Paris, et qu'il venait me demander l'hospitalité. Mais il m'eut bientôt détrompé en me disant qu'il était prisonnier, non pas en fuite, mais en permission, ou plutôt en mission de la part du citoyen Raoul Rigault, exerçant les fonctions de préfet de police.

L'abbé B. avait été envoyé le jeudi treize à Versailles, pour porter au chef du pouvoir exécutif (M. Thiers) une lettre écrite par Mgr l'archevêque de Paris, enfermé à Mazas depuis le 5 avril. (Vous l'avez lue dans les journaux.) J'offris à ce digne ami de partager mon modeste déjeuner, le temps de liberté provisoire dont il jouissait lui permettant de s'arrêter quelques instants chez moi avant de rentrer à Paris et de se faire réintégrer à la Conciergerie.

Il me raconta qu'il avait été pris le lundi de Pâques, après sa messe, conduit d'abord à la mairie de Montmartre et ensuite à la Conciergerie; que plusieurs de ses vicaires avaient été faits prisonniers comme lui; que d'autres avaient pris la fuite; qu'un d'entre eux avait été consigné à Montmartre; que son église avait été fermée, et sans doute pillée, lui dis-je? A cela il me répondit qu'il n'en savait rien, mais que les citoyens, chefs de l'insurrection, avaient les clefs en mains!

« Mais comment, lui dis-je, avez vous été de Paris à Versailles ? Pourquoi n'avez-vous pas traversé Billancourt pour aller, comme vous avez eu la bonne pensée de le faire pour retourner de Versailles à Paris?

« J'y avais songé, me répondit-il, et cela pour deux raisons :

D'abord pour vous dire bonjour en passant, ou plutôt pour savoir ce que vous deveniez au milieu de ces tristes événements;

Ensuite parce que la route de Versailles est le plus

court chemin ; mais, à Paris, l'on m'avait déclaré que l'on ne traversait pas la Seine entre Billancourt et Sèvres? Aussi ai-je pris, sans m'en douter, un chemin ou j'aurais dû trouver cent fois la mort, ainsi que je l'ai su depuis, le chemin des Moulineaux.

Lorsqu'enfin j'arrivai à Sèvres, le premier officier que je vis me demanda d'où je venais? et quand je le lui eus dit ; vous êtes bien heureux, s'écria-t-il, d'être arrivé ici sain et sauf ; car c'est sur vous que nos soldats ont tiré tout le long du chemin. En effet, j'avais entendu, ajouta le curé de Montmartre, un grand nombre de coups de fusil, mais je n'avais eu aucune peur, ne me doutant pas qu'ils étaient dirigés contre moi !

« Aujourd'hui sachant que l'on passait la Seine sur un pont de bateaux, j'ai demandé si je pouvais me rendre sans danger à Paris par la route de Versailles, et sur la réponse affirmative qui me fut faite, j'ai pris ce chemin de préférence à tout autre, comptant sur votre bon accueil. »

J'expliquai au bon curé que, pour le moment, l'on pouvait parcourir à peu près sans danger la plus grande partie du territoire de Billancourt, mais qu'il n'en avait pas toujours été ainsi, et je lui racontai l'aventure du Mardi saint, et les malheurs arrivés sur ma paroisse, par suite d'erreurs de la part des soldats de l'armée française postés du côté de Sèvres.

« En tout cas, dis-je, jusqu'à présent je n'ai éprouvé aucun désagrément personnel, mais si la Commune de Paris triomphe, ou si la Commune est proclamée à Boulogne, j'irai bientôt vous rejoindre et partager votre captivité. »

Ce pauvre curé était parti de Paris, muni d'un sauf-conduit signé par le citoyen Raoul Rigault qui lui avait fait ouvrir l'avant-veille la porte de Vaugirard, et qu devait lui faire bientôt ouvrir celle de Saint-Cloud, au bout de la route de Versailles.

Il a eu la consolation de dire la sainte messe les vendredi 14 et samedi 15 à Versailles, consolation qui est refusée, bien entendu à tous les prêtres incarcérés. Et maintenant quand pourra-t-il la célébrer? Il n'en sait rien, car il est à la merci des insurgés !

Comme Monsieur votre vicaire connaît particulièrement le curé de Saint-Pierre de Montmartre, j'ai pensé que je ferais bien de vous raconter cet incident dont je vous prie de vouloir bien lui faire part.

Notre situation ne s'est pas modifiée depuis ma dernière lettre. La lutte se continue presque sans interruption d'une part, entre les forts d'Issy, Vanves, Montrouge, occupés par les insurgés, et Meudon, Bellevue, Sèvres, Breteuil, occupés par l'armée régulière, et, d'autre part, entre le Mont-Valérien et la porte Maillot.

Nous entendons toujours beaucoup de bruit, et le jour et la nuit, mais notre localité n'a pas encore souffert. Je n'ai qu'une seule exception à signaler : deux obus sont tombés successivement aujourd'hui sur la route de Versailles, et si le premier était tombé vingt minutes plus tôt, il m'aurait atteint infailliblement au retour d'une visite faite à une pauvre femme malade.

Mes paroissiens sont en ce moment fort inquiets eu songeant à l'avenir qui leur est réservé : peut-être le bombardement, peut-être la famine, les deux motifs qui m'avaient déterminé à conduire à Saint-Jean-d'Assé les débris de ma paroisse. D'abord le bombardement, parce que si les troupes de Versailles, ou si les insurgés mettent le pied sur notre territoire, ce qui paraît assez probable, nous serons bombardés par les uns ou par les autres, ou même des deux côtés à la fois.

Ensuite la famine, parce que la Commune empêche

de sortir de Paris les comestibles de toute espèce, et que, de son côté, le gouvernement français vient d'arrêter au pont de Sèvres, la farine, les bestiaux et les légumes destinés à l'alimentation des habitants de Boulogne et de Billancourt. Cette dernière défense provient, dit-on, de ce que certains commerçants de notre commune ont fait entrer dans Paris des vivres qui nous étaient destinés exclusivement. Néanmoins nous espérons que des réclamations présentées en notre faveur par des personnes dévouées (1), nous mettront à l'abri du fléau de la famine.

Quoi qu'il en soit je ne peux pas songer à faire une seconde émigration. En fait de ressources, je n'ai que des dettes; le nombre des habitants restant encore à Billancourt, est trop considérable pour que je songe à m'en charger ; presque tous paraissent déterminés à rester cette fois chez eux quoi qu'il arrive, dans la crainte de perdre le peu d'effets qui leur reste.

Nous ne pourrions pas retourner à Saint-Jean-d'Assé que les Prussiens ont ruiné presque complétement, et je ne sache pas qu'une autre commune serait disposée à nous donner l'hospitalité, comme elle nous a été donnée pendant plus de cinq mois par vos bons paroissiens !

Enfin, j'ai reconnu par mon expérience personnelle qu'il serait plus facile d'organiser une émigration en masse d'une autre manière, par exemple, en dispersant dans plusieurs communes les diverses familles émigrées, au lieu d'imposer à un seul village la charge du logement d'un personnel aussi nombreux que le mien en 1870.

(1). Un de MM. les adjoints au maire de Boulogne et le commissaire de police qui ont facilité et surveillé les communications entre Boulogne et Versailles avec un zèle au-dessus de tout éloge.

Pour moi, je suis résolu à rester jusqu'au dernier moment et à quitter ma paroisse quand il ne s'y trouvera plus un seul habitant honnête !

Soyez assez bon, Monsieur le curé, pour offrir mes compliments empressés à M. le maire, à M. l'abbé et pour me rappeler au bon souvenir de tous ceux de vos paroissiens qui nous ont rendu gratuitement service de quelque manière que ce soit. Rappelez-leur, je vous prie, que je suis fidèle à ma promesse le 15 de chaque mois.

Recevez l'assurance, etc.

QUATRIÈME LETTRE

Billancourt, le 27 avril 1871.

Monsieur le curé,

. . . .

Dans ma lettre datée du 20, je vous disais que la situation militaire était la même de notre côté depuis le 2 de ce mois.

Aujourd'hui l'attitude de l'armée française, qui jusque-là paraissait purement défensive du côté de Sèvres, vient de changer, ainsi qu'on nous le faisait pressentir depuis plusieurs jours.

Mardi dernier (25), dès huit heures du matin, pendant la célébration du saint sacrifice de la messe, j'entendis au dessus de notre petite église, et comme au-dessus de ma tête, le sifflement des obus lancés en ligne droite, de minute en minute, soit de Brimborion sur les fortifications de Paris, soit des fortifications de Paris sur Brimborion, *tandis que* la batterie située sur l'emplacement occupé précédemment par la lanterne de Diogène et le pavillon de Breteuil en envoyait sur les batteries d'Auteuil, empressées à répondre presque coup pour coup et *tandis que* le fort d'Issy était battu par des canons placés sur les hauteurs de Bellevue, Meudon et Clamart.

Je n'ai pas besoin de vous dire qu'il résultait de toutes ces détonations un bruit d'autant plus horrible et effrayant que nous pensions qu'il ne s'agissait pas d'une lutte entre Allemands et Français, mais d'une lutte entre la France et sa capitale tombée entre les mains d'une faction déterminée, disait-on, à faire sauter Paris plutôt que de se rendre.

Vers midi, je me mettais à table lorsqu'un bruit semblable à celui de la foudre, quand elle éclate, retentit à cinq ou six mètres de ma salle à manger. C'était un obus qui éclatait sur le toit de la maison voisine de la mienne, et appartenant au même propriétaire. Au même instant une pluie de tuiles, de plâtre, et de carreaux brisés, tombait à droite et à gauche de la maison et m'avertissait que si le projectile était tombé sur ma demeure provisoire j'aurais été enseveli sous ses décombres. (La toiture est à refaire totalement.)

Je vous avoue qu'à ce moment là je tendis instinctivement le dos, dans la conviction que cette pluie extraordinaire allait tomber sur moi, et néanmoins, la première émotion passée, après avoir constaté le dégât causé à la maison atteinte, je continuai tranquillement mon repas.

J'avais reçu, comme l'on dit, en style militaire, le baptême du feu. Mais ce baptême peut être réitéré indéfiniment à Billancourt dans ce moment, grâce à la maladresse des artilleurs de la Commune, ou à leur inexpérience si vous aimez mieux. Quelques-uns disent qu'ils le font exprès pour punir notre commune de l'espèce de neutralité qu'elle garde dans le conflit actuel. Mais je ne peux pas croire à une méchanceté et à une inhumanité aussi affreuses, même de la part de ces gens-là !

Une demi-heure après, je venais d'entrer à l'orphelinat, afin de rassurer les jeunes enfants sur mon compte et de leur donner à espérer qu'elles n'avaient rien à craindre pour elles-mêmes, lorsqu'une détonation semblable à la première se fit entendre derrière leur maison et que des débris de tuiles projetés par l'obus tombèrent dans la cour où les plus petites jouaient en toute assurance.

Pendant les quarante-huit heures qui ont suivi ces deux détonations, nous avons compté au moins cinquante *obus*, venant des fortifications, tombés dans les environs de l'église et de la route de Versailles. Pour peu que cela continue, Billancourt qui a été épargné par les Prussiens, sera détruit par les partisans de la Commune.

Ce matin, je me suis décidé à mettre en sûreté dans la cave des sœurs de l'école Saint-Elisabeth, qui est voûtée et assez vaste, les pauvres petites filles de l'orphelinat; car je ne vis plus depuis l'accident d'hier, et je me croirais coupable de ne pas accepter l'offre gracieuse qui nous est faite, tant je crains que leur habitation, dont les caves ont un simple plancher en fer, soit atteinte d'un instant à l'autre par un projectile qui les tuerait ou les blesserait toutes à la fois !

Vous me direz peut-être : mais pourquoi ne rendez-vous pas ces enfants à leurs pères ? Hélas ! Monsieur le curé ! leurs pères n'ont pas seulement de quoi vivre, faute de travail et d'argent, et puis ils demeurent presque tous à Billancourt ou à Boulogne, et ils sont exposés chez eux aux mêmes inconvénients que les enfants ! Ne dois-je pas faire aujourd'hui pour ces pauvres petites, ce que j'ai fait pour elles en les envoyant d'abord à Chartres, à la fin du mois d'août 1870, afin de les soustraire au bombardement et à la famine ? Mais une seconde émigration n'étant pas possible actuellement, n'est-il pas naturel que je les mette à l'abri de tout danger, autant que cela dépend de moi ?

Nous aurons plus de peine que précédemment à nous procurer la nourriture de chaque jour, non pas que nos craintes se soient réalisées concernant la possibilité du ravitaillement ; mais je prévois bien que nos commerçants n'oseront pas trop se hasarder à traverser le pont de bateaux de Sèvres, qui n'offre plus aucune sécurité. Presque tous mes paroissiens prennent le parti de coucher dans les caves, espérant que les obus n'iront pas les chercher jusque dans les entrailles de la terre, et plusieurs d'entre eux me supplient de ne pas rester dans la petite maison que j'habite : 1° parce qu'elle est peu solide et n'a qu'un sous-sol et un rez-de-chaussée peu élevé ; 2° parce que si j'y restais, je pourrais être pris pendant la nuit par les insurgés, sans être à même de réclamer le secours de mes voisins.

Ce second motif n'est pas sans fondement. En effet, il paraît qu'une patrouille d'insurgés aurait demandé à une personne de la paroisse, s'il y avait un prêtre à Billancourt ? La pauvre femme s'imaginant qu'on lui faisait cette question pour venir chez moi et m'emmener prisonnier à Paris, crut bien faire en répondant négativement, et en ajoutant que nous dépendions de la commune de Boulogne.

Je n'ai pas besoin de vous dire que, tout en n'ayant pas envie d'aller coucher à la Conciergerie ou à Mazas, pendant la durée de l'insurrection qui se prolonge au delà de toute prévision, je n'approuve pas le mensonge de cette femme qui s'est permis de me retirer mon titre et ma juridiction pastorales ; mais cet incident m'a déterminé à accepter l'hospitalité qui m'était offerte par vingt personnes de la paroisse, demeurant dans la même maison et bien décidées à ne pas me laisser enlever pendant la nuit. Je suppose que les satellites de la Commune n'oseraient pas s'emparer de moi pendant le jour. Si les Dames de la Halle n'ont pas craint d'aller réclamer leur curé arrêté illégalement, il me semble que les habitants de Billancourt s'arrangeraient de manière à s'éviter la peine d'aller me chercher à Paris.

N'allez pas plaindre mon sort parce que je couche dans une cave. J'y suis aussi bien que possible. Les propriétaires et locataires de la maison ont eu à cœur de m'installer aussi confortablement que la disposition de la cave le permet.

Aussi ma chambre à coucher, fermant à clef, est-elle comme une bonbonnière. Mes hôtes ont eu la délicate attention d'improviser un parquet composé d'un peu de paille et de deux tapis superposés, et de tendre un drap blanc le long du mur formant un des côtés de ma cellule. Je couche dans un véritable lit composé d'une couchette en fer, d'un sommier, d'un matelas, et des autres accessoires ; une chaise et une petite table composent mon mobilier.

Vous ne me croiriez peut-être pas si je vous disais qu'à part la première nuit, pendant laquelle j'étais inquiet sur le sort des petites orphelines dont l'emménagement dans la cave des sœurs n'avait pas eu lieu, j'ai dormi aussi bien que dans mon logement, et cependant c'est la vérité.

J'ignore s'il ne viendra pas un jour où le gouvernement de la France, désavouant la dette de notre pays envers le clergé, cessera de nous payer la rente des biens enlevés à l'Église, au commencement de notre grande Révolution ; mais je vous assure que si nous en arrivons-là, il ne me sera nullement pénible d'avoir pour chambre à coucher définitive mon petit compartiment de cave de la route de Versailles, long de deux mètres cinquante centimètres, et large de un mètre dix centimètres !

Il me semble que je suis avec les premiers chrétiens dans les catacombes de Rome. Plaise à Dieu que mes hôtes et moi, nous soyons animés des sentiments de foi, d'espérance et de charité qui animaient les vaillants martyrs ou confesseurs, les pieuses femmes et les saintes vierges de cette époque !

Quant aux petites orphelines, je voudrais bien qu'il vous fût possible de venir les voir dans leur belle cave, comme vous veniez les visiter à Saint-Jean. Certes, vous ne trouveriez là ni salle à manger, ni cuisine, ni lingerie, comme chez madame L., ni grands dortoirs comme chez mesdames L. et G. ; car la même pièce sert à tous les besoins matériels de cette petite famille ; mais vous les retrouveriez toujours aussi bonnes et aussi insouciantes.

Une seule fois, au moment de l'explosion de l'obus qui a éclaté près de leur maison, les moyennes, âgées de 9 à 12 ans, ont éprouvé une crainte si forte qu'elles ont pleuré pendant quelques minutes. Maintenant, qu'elles se croient en sûreté, elles travaillent prient et jouent comme à Saint-Jean !

Quand je dis qu'elles sont insouciantes, je ne prétends pas qu'elles soient indifférentes aux événements passés et présents qui leur ont procuré une existence aussi extraordinaire depuis sept mois ! J'entends seulement qu'elles n'ont pas conscience du danger et qu'elles ne s'inquiètent en rien du lendemain. Car je les exhorte à compâtir aux malheurs de la France, à prier pour sa prospérité, et en ces jours douloureux, à implorer la miséricorde divine pour obtenir la cessation de la guerre civile, et la véritable paix fondée sur l'amour de Dieu et l'amour du prochain.

Avant de fermer cette lettre, j'ai voulu annoncer aux enfants que je vous écrivais et que je vous parlais de leur installation souterraine.

Pénétrées de reconnaissance, pour vos bontés, dont elles se souviennent souvent, elles me prient de vous offrir leurs hommages respectueux, en union avec leurs maîtresses qui ne veulent pas non plus passer pour ingrates. Depuis leur retour à Billancourt, le 18 février, elles remplissent les fonctions de chantres, à la satisfaction générale des paroissiens, et à défaut des anciens chantres, que les modestes ressources de la fabrique ne permettent plus de rétribuer. Elles ont chanté les offices de la semaine sainte de manière à exciter, s'il était auprès de nous, la jalousie de votre excellent sacristain.

Je comptais sur leurs chants, pendant le mois de Mai, pour donner plus de solennité aux exercices que nous avions coutume de faire tous les soirs, en l'honneur de Marie, les années précédentes. Mais hélas ! Je crains bien que nous n'ayons pas d'autre musique pendant une partie plus ou moins considérable de ce beau mois, que le bruit des obusiers et des mitrailleuses !

Quant aux réunions du soir, elles sont impossibles actuellement. Je me contenterai de faire avec les enfants, dans leur cave, un pieux et court exercice.

Si c'est un avantage envié par beaucoup d'habitants

de la campagne d'habiter Paris, ou ses environs, je peux vous assurer qu'aujourd'hui beaucoup de Parisiens ou d'habitants de la banlieue envient la tranquillité dont jouissent ceux qu'on appelle dédaigneusement les ruraux, et que j'appellerai moi, les heureux habitants des campagnes : *Felices nimium sua si bona norint agricolæ !*

Recevez, Monsieur le curé, l'assurance, etc.

N. B. J'apprends à l'instant que le bombardement dont nous sommes menacés de devenir les victimes est dirigé contre les soldats de l'armée de Versailles qui viennent de franchir le pont de Sèvres et de se répandre dans la plaine de Billancourt.

CINQUIÈME LETTRE

Billancourt, le 2 mai 1871.

Monsieur le curé,

Si je n'ai pas répondu courrier par courrier à la demande que vous m'avez adressée dans votre lettre du 4, c'est que j'espérais vous annoncer d'un jour à l'autre la fin de cette triste guerre.

Prévoyant actuellement que la lutte ne finira qu'avec le mois (un de mes bons amis, demeurant à Versailles, m'avait annoncé le 25 avril comme une chose certaine que je pourrais inaugurer le 1er mai les exercices accoutumés en l'honneur de Marie), je ne veux pas vous faire attendre plus longtemps les nouvelles que vous réclamez sur l'état de ma paroisse.

Depuis le 28 avril, date de ma dernière lettre, le bombardement de Billancourt a été incessant. Les insurgés ont lancé continuellement des obus sur notre territoire, afin d'atteindre les soldats qui s'y sont établis en plus grand nombre.

Vous dire la quantité de projectiles tombés sur ma paroisse serait impossible. Si nos maisons n'étaient pas séparées les unes des autres par des jardins plus ou moins étendus, ou par des terrains consacrés à la culture des légumes, notre pauvre pays ne serait plus qu'un monceau de ruines! J'ai passé la plus grande partie de mon temps dans l'église, profitant du loisir forcé que me donnait la canonnade, pour composer la suite de mon journal sur l'émigration paroissiale de Billancourt.

Vous pensez que mes paroissiens sortent peu de leurs maisons, ou plutôt de leurs caves. Autour de mon église, les obus éclatent à chaque minute et je m'attends d'un instant à l'autre à être englouti sous ses débris. Malgré cela, nous avons toujours chanté la grand'messe et les vêpres, tous les dimanches comme en temps ordinaire; mais l'assistance n'était pas très-nombreuse !

Un de mes amis à qui j'écrivais, ces jours derniers, que je restais ainsi dans ma sacristie lorsque les occupations de mon ministère ne m'appelaient pas chez les malades ou au cimetière, me suppliait de me mettre à l'abri dans une cave, le jour comme la nuit. Je n'ai tenu nul compte de sa recommandation.

Quoi qu'il arrive, je ne quitterai pas mes paroissiens en danger. Quant à passer la journée dans une cave, j'y étoufferais bientôt faute d'air, je n'aurais pas la facilité de travailler, et mon monde ne saurait pas où me trouver en cas de besoin. Où puis-je être mieux d'ailleurs que dans la maison de Dieu ? Je ne tenterai certainement pas la Providence, en m'exposant, sans motif raisonnable, à être tué ; mais je serai trop heureux de mourir dans mon église ! Les écoles ont été fermées par précaution et j'ai dû supprimer le catéchisme.

Cependant, vendredi dernier, j'étais appelé par une lettre très-pressante auprès d'une pauvre veuve, dont le père est paralysé depuis plusieurs années, et qui avait, au dire de son gendre, une communication importante à me faire. Comme j'avais à conduire au cimetière, non loin du domicile de cette personne, le corps d'une défunte, je m'empressai, le convoi terminé, d'aller savoir ce qu'elle désirait me dire.

Avant qu'elle m'eût aperçu et parlé, je compris bien vite ce dont il s'agissait. La pauvre femme avait éprouvé un grand malheur. La petite maison qu'elle avait acquise, du vivant de son mari, mais qui n'était pas encore payée par suite d'une longue et douloureuse maladie de celui-ci, (maladie dont il est mort il y a un an), avait été abîmée par un obus. Les éclats de l'obus avaient transpercé la toiture, dispersé les tuiles, défoncé un plafond, brisé son mobilier et celui de ses filles logées au premier et unique étage.

Heureusement, par un hasard providentiel, son vieux père paralysé et ses deux plus jeunes enfants, âgés de onze ans et de neuf ans, venaient de s'absenter depuis quelques minutes, et elle-même vaquait à ses occupations en dehors de la maison. Sans cela ils eussent été blessés et peut-être même tués tous ensemble.

Cette pauvre femme n'est malheureusement pas la seule éprouvée de la sorte. Plusieurs propriétaires, déjà ruinés, complétement ou en partie, par suite du siége de Paris, ont éprouvé le même désastre. Ce sont les canons établis au Mont-Valérien et à Montretout, dont le tir avait pour objectif les bastions d'Auteuil-Paris, qui ont causé ces ravages dans une étendue de deux cents mètres et plus de largeur et de longueur.

Ainsi, tandis que les maisons situées à l'extrémité Ouest de la paroisse étaient atteintes par les obus lancés de Paris, celles qui sont situées à l'extrémité Est étaient abîmées par ceux de l'armée française.

Pour en revenir à ma pauvre veuve, elle voulait me demander avis et conseil sur les démarches qu'elle pourrait faire, afin d'obtenir une indemnité qui la mît à même de réparer sa petite maison. Au plus bas prix, elle en aura pour cinq ou six cents francs ! Je lui indiquai la marche à suivre et lui promis mon concours, dès que la guerre civile serait terminée.

Les autres propriétaires sont moins malheureux, mais comment pourront-ils réparer les dégâts causés à leurs maisons ?

Ainsi, aux ruines faites par les Prussiens à peine réparées par ceux qui n'ont plus seulement de quoi se procurer le pain de chaque jour, viennent s'ajouter de nouvelles ruines occasionnées par des Français !

« O mon Dieu, ayez pitié de nous ! Seigneur, épargnez votre peuple ! »

Quelques obus ont donné lieu à des aventures extraordinaires :

L'un de ces projectiles tombe dans un atelier de boîtes métalliques où se trouve une trentaine de femmes, le traverse sans blesser personne, mais le lendemain les ouvrières étaient invitées à ne pas revenir se soumettre à une nouvelle expérience.

Un autre obus passe entre les jambes d'un homme qui se rend à ses affaires et ne le blesse pas.

Un autre projette une tuile du haut du toit de la maison voisine de la mienne et, par une force d'impulsion merveilleuse, l'enchâsse en quelque sorte dans un treillage.

Enfin, sur la route de Versailles, un éclat d'obus va frapper la porte d'un marchand de vins épicier. Celui-ci, par précaution, avait condamné provisoirement cette porte et avait ménagé l'entrée de sa boutique par une autre rue voisine de la grande route. Croyant avoir affaire à un client, il s'écrie : « Je n'ouvre pas cette porte-là ; allez par la rue Colas. » Heureusement pour lui, l'obus ne se conforma pas à la recommandation de ce brave homme !

Permettez-moi, M. le curé, de terminer cette lettre en vous adressant une espèce de testament.

Exposé à être tué d'un moment à l'autre et ne voulant pas mourir avant de vous avoir donné un témoignage particulier de ma reconaissance, je me détermine à vous envoyer ma photographie en même temps que cette lettre. Je n'ai pas la prétention de vous l'offrir comme quelque chose de bien précieux, mais simplement comme le souvenir d'un pauvre curé qui a su apprécier à sa juste valeur la charité des bienfaiteurs les plus insignes de sa famille paroissiale pendant l'émigration de 1870-1871.

Je fais le même envoi à Messieurs les curés qui m'ont accueilli avec tant de bienveillance, et qui m'ont facilité le moyen de subvenir aux besoins de mes pauvres émigrés. Je m'étais décidé à faire faire cette photographie avant le siége de Paris, dans l'unique but de la vendre deux francs au profit des œuvres charitables de ma paroisse, tout en satisfaisant au désir manifesté par un grand nombre d'habitants de Boulogne et de Billancourt d'en avoir un exemplaire.

Les petites orphelines, dont vous m'avez demandé des nouvelles dans votre dernière lettre, sont toujours dans la cave des sœurs, nuit et jour. Elles ne paraissent ni fatiguées, ni ennuyées, de se trouver dans cette chambre souterraine qu'éclairent incessamment deux forte lampes. Elles sont privées de récréation au grand air, excepté de 6 heures à 7 heures du soir. Chose singulière, les combattants interrompent, tous les jours, à ce moment leur lutte meurtrière, comme d'un commun accord, pour prendre le temps de dîner. Les enfants en profitent pour jouir de la lumière et de la chaleur du soleil couchant. C'est sans doute à ces quelques instants qu'elles sont redevables de leur bonne santé.

Le père de deux d'entre elles, domicilié à Paris, ayant apppris que nous étions placés entre deux feux, est venu chercher ces petites pour les déposer provisoirement dans une commune des environs de la capitale, à l'abri de tout accident.

Les autres pères, quoique fort inquiets, ne pouvan pas placer leurs enfants ailleurs, les laissent dans leur cave, sous la direction de leurs maîtresses. Ils supposent non sans raison, ce me semble, que la divine providence, qui les a préservées de tout mal pendant l'émigration, les en préservera encore pendant ces jours mauvais.

Ces chères petites filles se joignent à leurs maîtresses pour vous offrir de nouveau l'expression de leurs sentiments de profond respect et de sincère reconnaissance. Elles réclament aussi très instamment votre bénédiction. Elles sont convaincues qu'elle leur portera bonheur.

Maintenant, il ne me reste plus qu'à recommander les paroissiens et le pasteur de Billancourt placés comme des agonisants entre la vie et la mort, à vos prières et saints sacrifices

Recevez, Monsieur le curé, l'assurance, etc., etc.

SIXIÈME LETTRE

Billancourt, le 15 mai 1871.

Monsieur le curé,

Votre lettre du 8, qui m'est arrivée en temps et heure, malgré les tristes événements qui se passent autour de nous, m'a profondément touché, et m'a couvert de confusion.

Elle m'a touché ; car vous prenez trop vivement part à la situation où se trouvait ma paroisse il y a huit jours, pour que je n'en sois pas ému. Que vous êtes bon d'avoir eu la pensée de m'adresser, vous et un de vos confrères, un secours pour mes paroissiens pauvres ! Vous me dites que la poste a refusé de vous délivrer un mandat, mais que vous m'enverrez votre offrande aussitôt que les difficultés seront levées. Je vous remercie d'avance de votre générosité qui ne sera pas moins utile à mes paroissiens, en ces temps d'épreuves, qu'à l'époque de l'émigration.

Votre lettre m'a couvert de confusion. Non, Monsieur le curé, je ne mérite pas plus votre admiration pour garder actuellement, comme vous le dites, mon poste, avec une fermeté que rien ne peut vaincre, que pour avoir sauvegardé en septembre 1870, les débris de ma paroisse. Je crois n'avoir fait dans l'un et dans l'autre cas, que mon devoir de bon pasteur, comme vous le feriez vous-même, si les événements qui ont déterminé ma conduite vous plaçaient successivement dans des situations analogues à celles où la divine Providence m'a placé depuis neuf mois !

Vous souhaitez dans votre charité fraternelle, que le bon Dieu éloigne de moi tout accident, que je puisse marcher au milieu du feu, sans en rien souffrir! Je vous en remercie!

Vous souhaitez que la grande prédication (c'est ainsi qu'il vous plaît d'appeler ma ferme résolution de ne pas abandonner ma paroisse) soit bientôt couronnée d'un plein succès. C'est là surtout ce que je désire, Monsieur le curé.

Oui, mon unique ambition en ce monde, est de procurer dans mon humble sphère la gloire de Dieu et le salut des âmes, et surtout le salut de celles qui me sont confiées d'une manière plus spéciale.

Si ce que vous regardez dans votre grande charité comme un acte de dévouement sacerdotal peut y contribuer dans une large mesure, je m'estimerai trop heureux de n'avoir pas été un serviteur tout à fait inutile.

Vous me dites que je vous ai fait plaisir en vous envoyant ma photographie. Je suis bien aise d'avoir eu la pensée de vous la faire parvenir; mais de grâce, priez encore pour moi, afin que je devienne ce qu'il faut pour être digne de la trop bienveillante appréciation dont vous accompagnez la réception de ce petit souvenir.

Par ce que je viens de vous dire, vous voyez, Monsieur le curé, que je n'ai pas encore été victime des obus et des balles. Malheureusement plusieurs personnes de ma paroisse ont été atteintes plus ou moins grièvement par les projectiles.

Ici, c'est une mère de famille qui a les deux jambes presque entièrement brisées, tandis que son mari est atteint à un bras par un éclat. Ce ménage avait eu la douleur de perdre, avant la guerre civile, deux fils déjà dans la force de la jeunesse, l'un tué sur le coup, l'autre blessé mortellement en dévissant un obus prussien.

Ailleurs, c'est une jeune personne qui a une partie de la cuisse emportée par un obus dont la chute a déterminé la destruction partielle d'un petit corps de bâtiment.

Et, chose singulière, un jeune homme malade et alité, voit et entend tomber à côté de lui, par la toiture de sa chambre, un obus qui ne l'atteint pas.

Le 4 mai, avant d'entrer dans mon église, à six heures du matin, j'aperçois tout près du portail, un pavé écorné, des trous creusés dans la terre, la maison la plus proche de l'église frappée par des éclats d'obus, et je constate, que deux carreaux de la fenêtre de la tribune sont brisés.

Jusqu'à ce jour, des dégâts importants ont été faits par les projectiles, dans une vingtaine de maisons situées près de l'église ou de ma demeure, et dans un bien plus grand nombre d'autres situées aux deux extrémités de la paroisse. Une centaine de maisons ont été traversées et abîmées par deux ou trois obus, mais comme les façades n'ont presque rien reçu, l'on serait tenté de croire qu'il n'y a rien eu à Billancourt. Il n'en est pas de même quand on regarde les maisons de côté, ou quand l'on pénètre à l'intérieur.

Bon nombre de personnes effrayées par le récit ou la vue de ces accidents de toute sorte, ont cherché un refuge dans les villages situés en dehors de la ligne d'investissement et de la portée des obusiers.

Vous l'avouerai-je! Monsieur le curé, je n'ai jamais eu peur un seul instant pour ma personne, mais quand les soldats établis d'abord auprès du pont de Sèvres, avancés dans la nuit du 8 au 9 mai jusqu'à la place de l'église, j'ai éprouvé un moment de découragement sans pareil. Je voyais déjà ma petite église démolie de fond en comble, et ma paroisse réduite en cendres, et je me demandais avec anxiété ce que j'allais devenir?

Ce qui, selon nous, qui sommes étrangers à l'art militaire, devait occasionner notre perte, fut au contraire notre salut, du moins en nous exemptant presque complétement des obus. Et cela pour deux raisons.

1° C'est que, à mesure que nos soldats avançaient vers les fortifications, les batteries de Montretout, celles de Breteuil, de Brimborion mettaient par leur tir incessant les insurgés dans l'impossibilité de tirer sur nous.

2° C'est que l'état-major du corps d'armée destiné à attaquer Paris par Billancourt et Auteuil étant logé sur la paroisse de Boulogne, dans la maison de la baronne veuve James de Rothschild, les obus furent dirigés de préférence de ce côté-là.

Mais un autre inconvénient était réservé à mes paroissiens. Au lieu d'obus, nous sommes gratifiés depuis le 9 mai de balles de chassepot ou de rempart qui tombent jusque sur la place de ma petite église.

Un jour, je revenais, avec deux enfants de chœur, du cimetière de la paroisse, sans me presser, lorsque des artilleurs placés à droite de la rue qui passe devant l'église me dirent. « Monsieur le curé, dépêchez-vous « de rentrer à l'église; car les balles sifflent continuelle- « ment et vous êtes très-exposé en ce moment. » Je crus devoir hâter le pas, soit pour ne pas tenter la Providence, soit pour ne pas exposer à des blessures plus ou moins graves ou à la mort même, mes deux jeunes enfants de chœur.

Je viens de parler d'artilleurs. C'est qu'une batterie de canons vient d'être établie sur ma paroisse, près du pont de Billancourt. Son premier exploit a été de faire sombrer au deuxième coup l'une des canonnières de la Commune. Pendant ce temps-là, les fantassins veillent dans des tranchées à ce que les insurgés ne sortent pas impunément de l'enceinte fortifiée.

Hier dimanche 14, j'ai été appelé auprès du jeune homme poitrinaire dont je vous ai parlé plus haut. Réfugié dans la cave voûtée de son logement (qu'un obus avait transpercé), le pauvre malade se trouvait à l'abri de tout danger (1). Mais sa famille ne pouvait pas le soigner ni facilement, ni avec sécurité. A cause de la proximité du mur d'enceinte, les habitants de ce quartier étaient exposés à être tués par les obus ou par les balles, en allant chercher leurs provisions de bouche.

Les insurgés tiraient impitoyablement des remparts, sur tous ceux qu'ils apercevaient : hommes, femmes et enfants. Plusieurs personnes ont été blessées par eux, et en particulier deux hommes et une petite fille de dix ans et demi. Celle-ci a eu la joue gauche traversée, la mâchoire enlevée en partie et quatre dents cassées.

Je vous laisse à penser si les paroissiens sachant que l'on m'avait appelé auprès du jeune malade furent inquiets tandis que je me rendais, au péril de ma vie, dans ce triste quartier. Mon absence s'étant prolongée au delà du temps ordinairement nécessaire, pour aller dans cette direction et en revenir, mon sacristain dont vous connaissez le dévouement à mon égard, s'empressa de venir à ma rencontre, craignant qu'il me fût arrivé quelque malheur.

(1) Il n'était pas le seul malade condamné à descendre dans une cave pour échapper aux obus. Plusieurs pauvres femmes atteintes de la même maladie, et d'autres dans une situation plus critique encore ont dû y être déposées pendant la durée du bombardement de Billancourt.

Voici ce qui avait occasionné mon retard. Désirant allier à l'accomplissement fidèle de mon devoir la prudence la plus rigoureuse, j'avais pris avec moi la sainte communion et les saintes huiles pour ne pas être obligé de retourner coup sur coup dans ce quartier où se préparaient des travaux destinés à en rendre désormais l'accès impossible.

Après avoir escaladé un mur au moyen d'une chaise d'un côté et d'une table de l'autre, j'avais pénétré dans la cave, demeure provisoire du pauvre malade, et j'avais cru devoir lui administrer successivement les sacrements de Pénitence, d'Eucharistie et d'Extrême-Onction et lui appliquer l'indulgence plénière *in articulo mortis*. Tout cela avait demandé plus de temps qu'une simple visite.

Chemin faisant je me disais : « Pourtant, si j'étais « tué après avoir assuré le salut de mon pauvre petit « malade, je serais martyr du devoir ! » Mais ce bonheur ne m'était pas réservé. Tandis que j'étais dans la cave, un obus venait de tomber à quelques mètres de la maison, et à peine avais-je fait cinquante pas, en me retirant, qu'une balle effleurait et déchirait la robe de la personne qui était venue me chercher. Mais personnellement je n'ai pas même reçu une égratignure. Que la sainte volonté de Dieu soit faite!

Je vais m'occuper de trouver aux habitants de Billancourt situés entre les tranchées et les fortifications, et qui ont peur, un logement plus sûr au milieu du pays. J'ai aussi l'intention d'établir un petit hospice provisoire pour mes malades. (Les blessés, militaires et civils, sont admis dans une ambulance spéciale, à Boulogne). Chacun soignera les siens.

J'ai en vue une grande maison dont les maîtres sont absents, mais dont la charité est telle que je n'attendrai même pas leur consentement pour en disposer. Je vais la réquisitionner au nom de Jésus et de Marie, et annoncer la réquisition, dès qu'elle sera un fait accompli.

Je m'arrête ici, Monsieur le curé, et je termine ma lettre en recommandant à vos prières et saints sacrifices plus particulièrement que les autres fois, le pauvre curé et la pauvre paroisse de Billancourt. Notre détresse est de plus en plus grande. Quatre-vingts familles s'adressent à moi pour obtenir des secours ; mais que puis-je donner à tant de monde ? J'attends quelque chose de Londres.

Une de mes paroissiennes a raconté par lettre le récit de mon émigration à une de ses amies ; celle-ci en a rendu compte à de riches personnages qui m'ont envoyé leur carte pour toucher une somme importante à la caisse de leur maison. Malheureusement il m'est impossible d'entrer dans Paris ; mais je vais tâcher de trouver un moyen de profiter de cette ressource inattendue avec laquelle je pourrai peut-être donner du pain pendant une quinzaine de jours à ceux qui viennent m'en demander.

Quoi qu'il en soit, la divine Providence m'a encore assisté d'une manière évidente jusqu'à ce jour. Je ne désespère pas de son appui dans l'avenir.

Recevez, Monsieur le curé, l'assurance, etc., etc.

SEPTIÈME LETTRE

Billancourt, le 20 mai.

Monsieur le curé.

Ma dernière lettre contenait le récit des événements survenus à Billancourt jusqu'au 15 mai inclusivement. Le 16 (mardi) fut remarquable pour moi par quatre circonstances tout à fait différentes.

C'est ce jour-là que mourut dans la cave de sa maison, après une douce agonie, le jeune poitrinaire administré le dimanche 14.

Le même jour, l'on établissait une nouvelle batterie d'artillerie dans le centre de la paroisse, et des tranchées nouvelles près de la maison du défunt, et je donnais des billets de logement pour la vaste maison hospitalière dont je vous ai dit un mot précédemment.

Je recevais une lettre de mon vicaire qui, retiré depuis quelque temps dans le pays de sa mère pour se reposer et y vivre à meilleur marché (il se trouvait réduit comme moi aux indemnités officielles), m'annonçait son prochain retour et son intention d'offrir ses services, comme aumônier libre, aux soldats de notre armée.

Enfin, je voyais venir chez moi un jeune prêtre, mon ancien enfant de première communion, attaché à une paroisse de Paris, en qualité de vicaire, qui s'était soustrait, au moyen d'habits laïques, aux recherches des insurgés, mais qui, éprouvant alors un grand désir de rentrer dans Paris, venait me demander conseil.

Le lendemain 17 devait avoir lieu, dans la matinée, le convoi du jeune défunt. Quand fut arrivée l'heure d'aller chercher le corps à domicile, les hommes chargés de cette mission (appelés ordonnateurs et porteurs) furent saisis d'une terreur panique, et déclarèrent qu'ils n'avaient pas envie de se faire tuer pour un mort. Le fait est que la maison mortuaire était devenue l'un des endroits les plus dangereux de la paroisse, à cause de la fusillade presque continuelle échangée entre les insurgés cachés derrière les remparts, et les soldats établis dans les tranchées. Après quelques pourparlers, il fut convenu entre ces hommes et moi, qu'afin d'éviter le plus possible les dangers inutiles, ils conduiraient directement le corps du défunt au cimetière et que j'y réciterais l'office des morts comme si nous étions à l'église. Craignant d'exposer à la mort les enfants de chœur qui assistent ordinairement aux convois, je me rendis seul au cimetière avec mon sacristain.

A peine avions-nous quitté ce séjour de la mort que les balles tombaient dru comme grêle sur les tombes. Informée de cet état de choses, l'administration municipale décida que l'on n'enterrerait plus provisoirement dans ce cimetière, et que je pourrais déposer les corps des défunts de ma paroisse dans un terrain dépendant de ma petite église, quitte à en faire l'exhumation aussitôt après la cessation du péril.

Cependant j'apprenais par un journal que des dames charitables instituaient, au profit de la banlieue de Paris, une œuvre spéciale destinée à venir en aide aux habitants obligés de déserter encore une fois leurs demeures à cause de la guerre civile. Bientôt j'écrivais à l'une de ces dames pour lui demander un secours passager en faveur de ceux de mes pauvres paroissiens qui, par nécessité ou par courage, étaient restés chez eux et n'en méritaient pas moins l'intérêt et la sympathie.

Peu de jours après, je recevais une somme modique (1), il est vrai, mais dont le montant, ajouté à ce que j'avais recueilli à Paris d'abord, puis à Versailles, soit chez des amis, soit à la préfecture de la Seine, devait selon moi aider mes pauvres gens à attendre la conclusion de la lutte entre les insurgés et le gouvernement légal de la France.

Pourvu que cette lutte cesse bientôt ! autrement mes

(1) Depuis cette époque j'ai obtenu de l'œuvre de la banlieue, grâce à l'intervention de la même dame, une somme plus importante qui m'a permis de procurer aux enfants pauvres non-seulement du pain, mais encore des vêtements et des chaussures dont ils étaient complétement dépourvus.

paroissiens vont mourir de faim, faute de travail et d'argent. A vrai dire nous nous attendons d'un jour à l'autre à assister à l'assaut que vont sans doute donner à Paris les troupes postées déjà à cinquante mètres du fossé de la fortification qui nous sépare de la capitale. Il est grand temps que cela finisse, car j'ai appris, par de jeunes hommes échappés de Paris, pour se soustraire aux recherches des insurgés qui voulaient les obliger à marcher contre l'armée, que les principaux égouts et les monuments publics étaient minés.

Encore trois ou quatre jours de retard, et Paris ressemblera par le fait de Français égarés et pervertis par les fausses doctrines de l'impiété contemporaine à Saint-Cloud ruiné et réduit en cendres par les cruels et impitoyables Prussiens !

Que sainte Geneviève patronne de Paris préserve cette ville infortunée du triste sort qui menace ses habitants !

Mais il me semble que nous pouvons concevoir l'espérance fondée d'un prochain succès. L'Assemblée nationale vient de faire un acte religieux d'une haute valeur.

Elle demande des prières publiques pour la France ! Elle assistera à Versailles à ces prières ! Tous les bons catholiques s'uniront à leurs représentants. Il est impossible, si j'ose parler ainsi, que Dieu n'exauce pas ces supplications patriotiques.

Recevez, Monsieur le curé, etc.

HUITIÈME LETTRE

Billancourt le 22 mai 1871 (lundi).

Monsieur le curé,

Vous avez appris par le télégraphe l'entrée dans Paris des troupes du gouvernement français. C'est par la porte de Saint-Cloud, celle qui met Billancourt en communication directe avec Paris par la route de Versailles, et d'après les indications d'un habitant de Boulogne que les soldats établis sur mon territoire, dans les tranchées à cinquante mètres du mur d'enceinte, ont pénétré dans la capitale. Dans quelques jours vous aurez sur le résultat de ce coup de main audacieux des détails officiels. Aussi me bornerai-je aujourd'hui à vous donner ceux qui ont un rapport spécial avec ma paroisse, conformément à nos conventions.

C'est donc hier, 21 mai, dimanche de la Pentecôte, entre 2 et 3 heures, que commença l'acte décisif de la tragédie communale, pendant que nous chantions les vêpres et le salut du très saint-sacrement. La nouvelle s'en répandit aussitôt dans la paroisse, mais chacun la racontait à sa manière. Ce qu'il y a de certain, c'est qu'à 6 heures et demie du soir, j'administrais les derniers sacrements à un soldat mortellement blessé, et déposé passagèrement dans une ambulance volante établie entre l'église et la route de Versailles, à deux pas de l'orphelinat.

Mon vicaire, revenu la veille, prit le parti de se mettre au service de l'armée et de la suivre dans ses opérations. Je me chargeai de l'ambulance et de la paroisse. Cette ambulance ne dura que cette nuit du 21 au 22 mai ; car à mesure que les soldats avançaient dans Paris, les blessés recevaient les premiers soins le plus près possible du champ de bataille.

Certes j'admirai le dévouement de tous ceux qui s'empressèrent de donner des soins de toutes sortes aux pauvres blessés, soldats de l'ordre ou insurgés ; j'admirai en particulier le courage et l'habileté des chirurgiens militaires ou civils qui procédèrent aux premiers pansements, mais je fus saisi d'horreur en voyant l'état affreux dans lequel se trouvaient réduites plusieurs victimes de cette horrible guerre. Je renonce à vous dépeindre ce que j'ai vu de mes yeux pour la première fois.

Je détestais la guerre, moi qui suis le ministre du Dieu de paix; mais aujourd'hui, ce qui me paraît bien plus détestable encore, ce sont l'ambition, la cupidité et l'hypocrisie de ces criminels qui sont, nouveaux Caïns, les auteurs de ces hécatombes humaines et les assassins de leurs frères.

Une douzaine de blessés, plus ou moins grièvement atteints, passèrent sous mes yeux. Celui que je remarquai le plus, à cause de son horrible blessure, et à cause de son courage, fut un jeune soldat dont le menton avait été emporté par la mitraille, la gorge mise complétement à découvert, et l'épaule droite presque traversée par une balle dont l'extraction fut faite séance tenante. Je le confessai et lui donnai l'absolution.

A une heure du matin, l'ambulance n'avait plus de raison d'être. Je me retirai ainsi que les personnes de la paroisse qui lui avaient prêté leur concours empressé, soit en aidant à panser les blessés, soit en préparant des bandes et de la charpie.

A 6 heures, j'y trouvais deux corps morts qu'on venait d'y déposer; celui d'un soldat et celui d'un insurgé. Le nom de ce dernier était sur un papier trouvé dans la poche de son pantalon. La mairie se chargea de fournir au besoin les renseignements qui seraient demandés sur son compte. Le livret du jeune soldat indiquant le domicile de sa famille en province, je me chargeai de prévenir celle-ci qui était en correspondance régulière avec lui. Pauvres père et mère, c'est le second fils qu'ils perdent depuis la guerre de 1870!

Maintenant, Monsieur le curé, il n'y a plus à en douter,

l'armée triomphera de cette formidable insurrection, et partant Billancourt n'a plus rien à craindre. Vous ne vous inquiéterez donc plus sur notre sort.

Nous n'aurons plus d'autre ennemi que la misère ; mais celui-là ne tuera personne de ma paroisse, je l'espère ; car je compte, vous vous en souvenez, sur la vente de ma Notice, et sur le concours de mes vénérables confrères, les membres du clergé paroissial. Ils s'empresseront tous, sans aucun doute de faire, selon la parole de Notre Seigneur, à la famille spirituelle de leur frère dans le sacerdoce, ce qu'ils désireraient que l'on fît à la leur, si la guerre étrangère et la guerre civile l'avaient éprouvée de la même manière que la mienne pendant sept mois consécutifs.

Mais, hélas, la lutte n'est pas encore terminée ! Il faut s'attendre à tout de la part des insurgés. Ils vont se défendre à outrance, et il y aura par suite de cette résistance devenue une folie furieuse, un horrible et immense massacre ; le sang va couler à pleins ruisseaux dans la capitale !

Et les monuments publics, et les maisons qu'ils ont d'avance menacé de faire sauter, ne vont-ils pas devenir un monceau de cendres et de décombres ?

Et les otages, ne vont-ils pas payer de leur mort sanglante la défaite de leurs geôliers impitoyables ?

Et notre archevêque ne va-t-il pas être, comme l'un de ses prédécesseurs, victime de nos discordes civiles ?

Et tous ces prêtres séculiers ou religieux, qui n'ont commis d'autre crime que celui d'être les ministres de Jésus-Christ, ne vont-ils pas être martyrisés par ces nouveaux païens ?

Et au milieu de toutes ces appréhensions, il en est encore une qui m'est plus personnelle, vous vous en doutez bien ? Que vont devenir mon vieux père, ma vieille mère, mes frères et sœurs, neveux et nièces, et tous les membres de ma famille et tous mes bons amis d'enfance enfermés dans Paris ?

Unissons plus que jamais nos prières, cher Monsieur le curé, et conjurons de toute l'ardeur de notre âme le Dieu juste et miséricordieux, de disposer toutes choses de telle sorte qu'il en résulte le plus grand bien, c'est-à dire le renouvellement religieux, moral et politique, de notre cher et bien-aimé pays. *Et nunc Reges intelligite, erudimini qui judicatis terram !*

Recevez l'assurance des sentiments respectueux avec lesquels j'ai l'honneur d'être,

Monsieur le curé,

Votre très-humble serviteur et très-dévoué confrère en Notre Seigneur.

J. GENTIL,
Curé de Billancourt-lès-Paris.

N. B. Les petites orphelines sont sorties de leur caves et réinstallées dans leur maison depuis ce matin, tout danger ayant cessé pour elles, par suite de l'entrée des troupes dans Paris. Grâce à Dieu, elles en ont été, cette fois encore, quittes pour la peur. Les balles et les obus qui n'ont cessé de pleuvoir, nuit et jour, sur ma paroisse, depuis trois semaines, ont épargné ces chères enfants. Maîtresses et élèves me prient de vous offrir leurs compliments respectueux et de vous dire qu'elles ne passent pas un seul jour sans prier, matin et soir, pour vous et pour tous leurs bienfaiteurs de Saint-Jean-d'Assé.

Elles vous conjurent de leur donner une bonne place dans le memento des vivants pendant le saint sacrifice de la messe.

EXTRAITS DE LETTRES

ADRESSÉES A M. LE CURÉ DE SAINT-JEAN, DEPUIS LE 22 MAI.

Billancourt, le 28 mai 1871, 8 heures du soir.

. . . .

Jusqu'à ce moment les nouvelles concernant le sort des otages étaient contradictoires, surtout par rapport à monseigneur l'archevêque de Paris. Les uns disaient que le prélat avait été fusillé ; les autres, qu'il avait échappé à la fureur des insurgés et qu'il était à Versailles. Mais aujourd'hui, il n'y a plus lieu d'en douter : l'archevêque a été véritablement fusillé ! C'est par mon vicaire que je viens d'acquérir la triste certitude de ce fait horrible.

Entré à Paris, le 21 mai, à la suite de l'armée, en qualité d'aumônier volontaire, comme je vous l'ai dit dans ma lettre précédente, ce bon abbé a suivi les opérations militaires jusqu'à la fin, c'est-à-dire jusqu'à aujourd'hui 4 heures du soir.

Avant de se rendre à Versailles pour affaires, il vient de s'arrêter chez moi, il y a une demi-heure, pour m'annoncer la fin de l'insurrection, la mort de l'archevêque et la cérémonie de son exhumation à laquelle il a assisté. Il m'a remis, comme une précieuse relique, un morceau de la soutane du prélat ; il m'a donné sur les incendies allumés dans Paris par l'ordre des chefs de la Commune les détails les plus lamentables. Mais enfin, l'ordre matériel est rétabli dans la capitale ! A quand le rétablissement de l'ordre moral ?

. . . .

Le curé de Saint-Pierre de Montmartre est vivant. Les chefs de la Commune, touchés, dit-on, du courage qu'il a témoigné en se constituant prisonnier, à son retour de Versailles, lui ont rendu la liberté.

Depuis l'entrée de l'armée dans Paris, plusieurs personnes m'ont assuré de la manière la plus formelle que plusieurs insurgés avaient formé, à diverses reprises, le projet, les uns de me voler, croyant sans doute que j'avais de l'argent, les autres de me faire prisonnier, ou de me tuer, et qu'elles avaient réussi, non sans peine ou sans mensonge, à m'éviter ce triple inconvénient.

Il paraît qu'un de mes paroissiens (nouveau Judas) avait fait connaître à ceux qui occupaient le Point-du-Jour d'Auteuil, à Paris, dont nous sommes séparés par la fortification, la maison dans laquelle je couchais, et qu'on devait venir m'enlever pendant la nuit. Si cela est vrai, je pardonne à celui-ci sa trahison, et je remercie sincèrement de leur dévouement les personnes qui disent m'avoir rendu service, en leur rappelant toutefois qu'il n'est jamais permis de mentir, même pour sauver son curé.

Billancourt, le 6 juin.

Je ne vous ai pas dit dans ma lettre précédente, Monsieur le curé, qu'au nombre des otages fusillés se trouvait un de mes bons amis de séminaire, l'abbé Planchat, celui qui m'a écrit le 9 février la petite lettre si touchante, dont je vous ai donné connaissance le 11 février. J'estimais trop cet excellent ecclésiastique pour ne pas éprouver le besoin de vous dire quelques mots sur lui. Je me persuade que vous en serez très-satisfait (1.)

(1) Cet extrait est emprunté à une Notice publiée par un collaborateur de l'abbé Planchat, dans l'œuvre du patronage.

. . . .

Je terminerai cette esquisse biographique du bon abbé Planchat en vous donnant un extrait du récit authentique de son martyre. Et cela d'autant plus volontiers qu'il est peut-être le plus inconnu des otages, à cause de son humble situation dans la hiérarchie ecclésiastique, et que vous avez eu facilement des renseignements détaillés sur les autres otages.

Le 26 mai, vers cinq heures et demie environ, on vit tout à coup arriver dans l'étage de la prison de la Roquette où il était depuis plusieurs jours, un brigadier de la maison; il tenait une liste à la main, et s'avança jusqu'au milieu du corridor où le manque de deux cellules du côté gauche, laisse un plus grand espace vide.

Ce misérable brigadier avait l'air souriant. S'adressant aux prisonniers sortis de leurs cellules, il leur dit à haute voix :

« — Messieurs, faites attention : répondez à l'appel de vos noms. Il en faut quinze ! »

Cette parole sauvage, « *Il en faut quinze,* » fit courir un frisson dans toute l'assemblée.

Ce séide de la Commune commence son appel.

Les victimes répondent avec calme :

« Présent ! »

On les range en cercle au fur et à mesure que leur nom est proclamé.

Le brigadier ne peut lire le nom du P. de Bengy qui s'approche de lui et, reconnaissant son nom, répond sans s'émouvoir :

« — Présent ! »

Pour surcroît de tortures, l'appel se faisait avec lenteur. Avant d'appeler un nouveau nom, le brigadier attendait que le condamné, précédemment appelé, eût fait ses derniers apprêts et fût sorti de sa cellule, ce qui demandait toujours quelques minutes, un siècle dans un pareil moment.

A genoux derrière leur porte, tenant dans leurs mains la parcelle sacrée contenant le corps de Notre-Seigneur, réservée pour le moment suprême, les otages attendaient l'appel de leur nom, se communiaient et se levaient aussitôt pour marcher à la mort.

Le brigadier compta à deux reprises les dix premières victimes. Puis il cria : *Il en faut encore cinq.*

Cinq noms furent encore proclamés.

En faisant son appel, le brigadier passa plusieurs noms. Il omit celui de M. l'abbé Petit, secrétaire général de l'archevêché. Le nom de l'abbé Planchat se trouva alors le dernier de la liste.

A coup sûr, Dieu s'était réservé cette victime, que tant de circonstances eussent dû sauver.

Le brigadier, qui lisait mal, estropia encore le nom de l'abbé Planchat, comme il avait fait de celui du P. de Bengy. Le martyr s'avança, se rangea de lui-même du côté des victimes désignées et dit simplement :

« C'est Planchat que vous voulez dire. »

Il était pâle et triste, sans pourtant avoir l'air abattu, et sa tranquillité d'âme en ce cruel moment fut remarquée par les témoins survivants de cette scène.

La séparation s'accomplit avec le plus grand calme, avec une dignité remarquable, sans effusion, aussi noblement, aussi simplement que possible. L'attente avait été longue, l'anxiété pénible, mais la préparation était faite et le sacrifice accepté.

Le brigadier, après s'être assuré par un nouvel appel que sa liste était en règle et qu'il ne manquait personne, fit descendre les victimes dans la cour par le grand-escalier.

En même temps on appelait dans une autre section, trente gardes républicains que l'on réunit aux otages.

Bientôt la grille et la grande porte s'ouvrent : l'escorte s'ébranle, entourant les otages placés au milieu. Le cortége se dirige sur la droite, en remontant la rue de la Roquette.

Les otages étaient rangés deux par deux et sans liens : l'escorte d'exécution formait la haie. Une foule immonde de femmes ignobles et de gens de sac et de corde précédait ou suivait le cortége en insultant, ou même en frappant les prisonniers à coups de crosses de fusil.

Au milieu de ces tortures, l'abbé Planchat marchait tranquille, les yeux baissés, ne pensant qu'à offrir à Dieu le sacrifice de sa vie.

A un petit enfant du Patronage, qui s'avança pour lui dire adieu, il ne répondit pas.

Il fallait que le martyr fût bien détaché de la terre, pour ne pas apercevoir ce témoignage courageux de fidèle affection de l'un de ses bien-aimés enfants.

On put croire un moment que les victimes allaient entrer au Père-Lachaise pour y être immolées ; on se trompait, le chemin du calvaire devait être pour elles plus long et plus douloureux. . . . .

Comment s'opéra l'exécution ? Ici manquent les renseignements authentiques. Mais ce que l'on put constater le lundi suivant (29), lorsqu'on se mit à la recherche des corps des otages, c'est que la fureur des assassins, et de la foule qui applaudissait à leur crime, s'était particulièrement acharnée sur le P. Olivaint et sur l'abbé Planchat, soit pendant le trajet de la Roquette à la rue Haxo, soit après leur mort. A tous deux manquaient le front et le crâne.

Un des fossoyeurs voyant un jeune homme inconsolable à la vue du cadavre mutilé de l'abbé Planchat, lui dit : « Ne pleurez pas votre professeur ! Voyez, il est mort les yeux levés vers le ciel ! » Le fait était vrai et saisissant. La dernière pensée, le dernier soupir, comme la vie tout entière du saint martyr, était dans ce regard.

. . . .

En ce qui concerne les dégâts causés par la Commune à ma chère paroisse, voici les renseignements que j'ai recueillis :

Cent maisons environ ont reçu un ou plusieurs obus qui les ont endommagées intérieurement ; plusieurs mobiliers ont été brisés ou brûlés : douze personnes ont été plus ou moins grièvement blessées ; un homme a été tué et un autre est mort des suites de ses blessures.

Billancourt, le 8 septembre.

. . . .

Mes prévisions, en ce qui concerne le chemin de fer de l'Ouest, ne se sont pas réalisées.

Le conseil d'administration n'a pas même été saisi de ma requête ! M. le directeur général, craignant sans doute de voir le conseil revenir sur sa décision, a fait signer ces jours derniers par M. le président une réponse négative approuvée par le comité de direction.

Deux raisons ont été alléguées pour ne pas me rembourser, même la moitié de la somme, versée par moi au Mans, le 18 février, pour le rapatriement de mes émigrés.

La première, c'est que l'on n'avait pas coutume de revenir sur une décision une fois prise, et partant de rembourser une somme dûment acquise.

La deuxième, c'est que j'aurais dû différer le rapatriement de mes émigrés, conformément aux avis de M. le chef du mouvement de la gare du Mans.

Je ne ferai aucune observation sur le premier motif

allégué par le comité de direction. Il sent trop la doctrine du fait accompli et le droit du plus fort pour que j'essaye de l'attaquer.

Le second motif n'a aucune valeur aux yeux de toute personne ayant connaissance de mes rapports avec M. le chef du mouvement et de la situation faite aux habitants de Saint-Jean-d'Assé par l'occupation allemande.

Quoi qu'il en soit, ce refus étonne et afflige tous les gens de bien qui en sont informés. Je n'en suis pas moins pénétré de reconnaissance envers les personnages qui ont bien voulu appuyer ma requête, avec une bienveillance et un zèle remarquables.

Je regrette maintenant de n'avoir pas mis dans ma lettre au conseil d'administration que les Prussiens étaient disposés à rapatrier mes émigrés gratuitement. Peut-être cette déclaration eût-elle fait vibrer un tant soit peu dans le cœur de M. le directeur général des chemins de fer de l'Ouest, la fibre patriotique ! Mais je ne suis pas diplomate, et je n'avais pas voulu me servir de cet argument, tant ma cause, qui était la cause des pauvres et des orphelines de Billancourt, me paraissait juste et gagnée d'avance !

Maintenant comment rembourserai-je les 2,140 francs empruntés pour faire face aux exigences de la Compagnie de l'Ouest ?

En continuant à vivre économiquement, et en ne consacrant plus rien de mon modeste revenu paroissial aux bonnes œuvres de ma paroisse ! Autant la première mesure me paraît facile, autant la seconde m'est pénible !

ÉPILOGUE.

Et maintenant, que sont devenues depuis 1871, les jeunes orphelines émigrées à Saint-Jean-d'Assé ?

Plusieurs de ces jeunes filles sont mortes à la fleur de l'âge, avant d'avoir perdu l'innocence baptismale, quelques-unes se sont mariées à d'honnêtes ouvriers et sont devenues de bonnes mères de famille. Certaines sont placées et donnent pleine et entière satisfaction à leurs maîtresses ; d'autres d'une santé délicate, ont sollicité la faveur de rester dans la maison maternelle qui les a élevées.

Toutes ont conservé dans leur cœur reconnaissant le meilleur souvenir des soins affectueux qui leur ont été prodigués.

Cependant l'œuvre, dont le personnel s'est presque complétement renouvelé depuis la guerre, subsiste encore. Elle a suivi la fortune de son fondateur.

Celui-ci nommé curé de Notre-Dame-de-la-Croix de Ménilmontant, à Paris, le 30 juillet 1873, avait transféré ses orphelines dans sa nouvelle paroisse. Son intention était de remplacer les enfants de Billancourt, quittant successivement la maison, par des enfants de Ménilmontant. Au bout de trois ans, sur vingt-quatre orphelines, il y en avait déjà seize de ce quartier. Malheureusement, il n'a pas trouvé dans cette paroisse, l'une des plus nombreuses et des plus pauvres de Paris, le concours nécessaire pour maintenir l'œuvre dans des conditions suffisantes de vitalité.

Le 1er janvier 1877, il a pris le parti de placer les neuf plus petites dans quatre orphelinats différents, et il a loué pour celles qui avaient fait leur première communion, un logement d'un prix modéré pouvant contenir douze personnes.

Aujourd'hui, les premières se trouvent réduites à quatre, par suite de la mort de l'une d'entre elles et du retrait de trois autres par des parents ou des bienfaiteurs; une cinquième est atteinte d'une maladie pour laquelle on a dû l'envoyer passer plusieurs années sur les bords de la mer, sous la surveillance des religieuses dont la congrégation dessert l'hôpital des enfants malades. Celles qui sont encore en pension, aux frais du fondateur de l'œuvre, viendront rejoindre les plus âgées, à mesure qu'elles auront fait leur première communion.

Les plus âgées vivent en famille, sous la direction sage et maternelle de la directrice de l'œuvre. Elles travaillent à l'intérieur de la maison, ou au dehors, selon que leur santé, ou leur travail l'exige.

Pour développer l'œuvre, il faudrait louer une maison plus grande et payer un loyer plus cher, et partant des ressources financières qui font actuellement défaut.

Le Supérieur de l'œuvre compte, pour se les procurer, sur la bonne volonté et la générosité des lectrices de l'histoire de l'Orphelinat.

Nous n'insisterons pas sur cette idée; nous annoncecerons seulement que le supérieur de l'Orphelinat dit de Sainte-Catherine, en souvenir du jour de sa fondation, recevra avec reconnaissance les offrandes qu'on voudra bien lui adresser par la poste, ou lui porter à domicile. (1)

(1) Monsieur l'abbé Gentil, curé de Billancourt en 1870-1871, actuellement chanoine titulaire de la cathédrale de Paris, demeure rue Chanoinesse, n° 4.

FIN.

TABLE

Avertissement de l'Editeur.................... 5   Pages.

PREMIÈRE PARTIE

UN ORPHELINAT DE JEUNES FILLES PENDANT LA GUERRE DE 1870-1871.

Première lettre, du 25 août 1870.................... 7
Deuxième lettre, du 4 septembre 1870.............. 9
Troisième lettre, du 10 septembre 1870............ 11
Quatrième lettre, du 24 septembre 1870............ 12
Cinquième lettre, du 7 octobre 1870................ 29
Sixième lettre, du 12 octobre 1870................. 38
Septième lettre, du 20 octobre 1870................ 44
Huitième lettre, du 28 octobre 1870................ 49
Neuvième lettre, du 5 novembre 1870............... 53
Dixième lettre, du 15 novembre 1870................ 58
Onzième lettre, du 22 novembre 1870................ 63
Douzième lettre, du 30 novembre 1870............... 69
Treizième lettre, du 10 décembre 1870.............. 75
Quatorzième lettre, du 20 décembre 1870............ 81
Quinzième lettre, du 2 janvier 1871................ 89
Seizième lettre, du 12 janvier..................... 93
Dix-septième lettre, 1er février................... 98
Dix-huitième lettre, du 5 février 1871............. 123
Dix-neuvième lettre, du 11 février 1871............ 126
Vingtième lettre, du 16 février, 1871.............. 150
Vingt et unième lettre, du 24 février 1871......... 164

SECONDE PARTIE

JOURNAL DE PILLANCOURT PENDANT LA COMMUNE

Première lettre, du 17 mars 1871....................	170
Deuxième lettre, du 10 avril 1871....................	177
Troisième lettre, du 20 avril 1871....................	182
Quatrième lettre, du 27 avril 1871....................	187
Cinquième lettre, du 2 mai 1871.....................	194
Sixième lettre, du 15 mai 1871......................	200
Septième lettre, du 20 mai 1871.....................	206
Huitième lettre, du 22 mai 1871.....................	209
Extraits de lettres adressées à M. le curé de Saint-Jean depuis le 22 mai 1871........................	214
Epilogue..	221

Poitiers, typ. J. Ressayre. — Paris, 22, rue Saint-Sulpice.